Basiswissen Sozialwirtschaft und Sozialmanagement

Reihe herausgegeben von

Klaus Grunwald, Duale Hochschule BW Stuttgart
Stuttgart, Deutschland

Ludger Kolhoff, Fakultät Soziale Arbeit
Ostfalia Hochschule
Wolfenbüttel, Deutschland

Die Lehrbuchreihe „Basiswissen Sozialwirtschaft und Sozialmanagement" vermittelt zentrale Inhalte zum Themenfeld Sozialwirtschaft und Sozialmanagement in verständlicher, didaktisch sorgfältig aufbereiteter und kompakter Form. In sich abgeschlossene, thematisch fokussierte Lehrbücher stellen die verschiedenen Themen theoretisch fundiert und kritisch reflektiert dar. Vermittelt werden sowohl Grundlagen aus relevanten wissenschaftlichen (Teil-)Disziplinen als auch methodische Zugänge zu Herausforderungen der Sozialwirtschaft im Allgemeinen und sozialwirtschaftlicher Unternehmen im Besonderen. Die Bände richten sich an Studierende und Fachkräfte der Sozialen Arbeit, der Sozialwirtschaft und des Sozialmanagements. Sie sollen nicht nur in der Lehre (insbesondere der Vor- und Nachbereitung von Seminarveranstaltungen), sondern auch in der individuellen bzw. selbstständigen Beschäftigung mit relevanten sozialwirtschaftlichen Fragestellungen eine gute Unterstützung im Lernprozess von Studierenden sowie in der Weiterbildung von Fach- und Führungskräften bieten.

Weitere Bände in der Reihe http://link.springer.com/series/15473

Ludger Kolhoff

Governance in der Sozialwirtschaft

Eine Einführung

 Springer VS

Ludger Kolhoff
Ostfalia Hochschule Braunschweig
Wolfenbüttel, Deutschland

ISSN 2569-6009   ISSN 2569-6017   (electronic)
Basiswissen Sozialwirtschaft und Sozialmanagement

ISBN 978-3-658-27294-4   ISBN 978-3-658-27295-1   (eBook)
https://doi.org/10.1007/978-3-658-27295-1

Planung/Lektorat: Daniel Hawig
Springer VS ist ein Imprint der eingetragenen Gesellschaft Springer Fachmedien Wiesbaden GmbH und ist ein Teil von Springer Nature.
Die Anschrift der Gesellschaft ist: Abraham-Lincoln-Str. 46, 65189 Wiesbaden, Germany

Vorwort

Der Begriff Governance ist in aller Munde. Wenn man den Begriff bei Amazon eingibt, erhält man mehr als 100.000 Ergebnisse[1]. Doch was verbirgt sich hinter diesem Begriff? Benz et al. verstehen unter Governance neue Formen der Koordinierung zwischen Akteuren, deren Handlungen voneinander abhängig sind, die sich also gegenseitig unterstützen oder beeinträchtigen können (Benz et al. 2007, 9). Es geht also bei Governance darum, gemeinsam etwas zu regeln. Der Begriff wird auf das lateinische *gubernare* (das Steuerruder führen, lenken, leiten) oder das französische *gouverner* (verwalten, leiten, erziehen) zurückgeführt. Im Englischen wird unter *governance* „the action or manner of governing" (Oxford Dictionary) verstanden.

Governance ist „die Gesamtheit der zahlreichen Wege, auf denen Individuen sowie öffentliche und private Institutionen ihre gemeinsamen Angelegenheiten regeln. Es handelt sich um einen kontinuierlichen Prozess, durch den kontroverse oder unterschiedliche Interessen ausgeglichen werden und kooperatives Handeln initiiert werden kann. Der Begriff umfasst sowohl formelle Institutionen und mit Durchsetzungsmacht versehene Herrschaftssysteme als auch informelle Regelungen, die von Menschen und Institutionen vereinbart oder als im eigenen Interesse angesehen werden. [...]." Definition der UN-Commission on Global Governance, zit. nach Stiftung Entwicklung und Frieden 1995: 4 ff. http://www.bpb.de/veranstaltungen/netzwerke/team-global/67464/definition

---

[1] Stand: März 2021.

Die Governancediskussion gewinnt an Bedeutung, da bekannte Steuerungs-
und Regelungsformen, von denen man gemeinhin die Lösung von Problemen in
der modernen Gesellschaft erwartet, „also der Staat bzw. das Hierarchiemodell in
Politik, Verwaltung und Unternehmen, der Markt oder Verbände und soziale Gemeinschaften, problematisch geworden sind" (Benz et al. 2007, 9). Moderne Gesellschaften sind durch eine Vielzahl an netzwerkartigen Strukturen und Verhand-
lungssystemen gekennzeichnet, die sich aus staatlichen und nicht staatlichen
Akteuren bilden. Staat, Markt und Zivilgesellschaft greifen mit ihren unterschiedlichen Steuerungsmechanismen bzw. -logiken ineinander. (Die staatliche Steue-
rungslogik ist das Recht, der Markt orientiert sich am Tauschmittel Geld und in der
Zivilgesellschaft wird verhandelt und ausgehandelt.)

Aushandlungsprozesse in Ökonomie und Politikwissenschaft haben an Bedeutung gewonnen und da die Ressourcen der Sozialwirtschaft einerseits politisch verhandelt und andererseits das Soziale zu bewirtschaften ist, sind Governanceaspekte
von Bedeutung. In Kap. 1 werden die beiden Hauptquellen der Governancediskussion „Ökonomie" und „Politikwissenschaften" näher betrachtet. Generell wird
zwischen den drei Governanceebenen Makro- (Kap. 2), Meso- (Kap. 3) und Mikroebene (Kap. 4) unterschieden. In Kap. 2 wird zunächst die Makroebene von Governance mit den drei „orders of governance" (first, second und third) näher betrachtet. Auf der Mesoebene „Cooperation" werden im dritten Kapitel
Koordinations-, Steuerungs- und Kontrollformen von sozialwirtschaftlichen Unternehmen thematisiert. Auf der Mikroebene „Interactions" geht es im vierten Kapitel um Akteursbeziehungen und Interaktionsmechanismen.

*Aus Gründen der besseren Lesbarkeit wird in diesem Buch überwiegend das
generische Maskulinum verwendet. Dies impliziert immer beide Formen, schließt
also die weibliche Form mit ein.*

Inhaltsverzeichnis

Zum Autor

Prof. Dr. phil. Ludger Kolhoff Jahrgang 1957, studierte Pädagogik, Elektrotechnik und Politikwissenschaft in Berlin (Erstes Technisch-Wissenschaftliches Staatsexamen, Magisterexamen, Promotion zum Dr. phil.). Von 1979 bis 1984 war er Geschäftsführer und Sonderbeauftragter für Selbsthilfeprojekte des Martinswerk e. V. (Mitglied des Diakonischen Werkes) in Berlin. Nach dem Studienreferendariat (Zweites Technisch-Wissenschaftliches Staatsexamen) arbeitete er in Berlin von 1986 bis 1993 als Studienrat an einer Berufsschule mit sonderpädagogischen Aufgaben und war parallel von 1983 bis 1993 Aufsichtsrats- und Fachbeiratsvorsitzender des Sanierungstreuhand- und Beschäftigungsträgers „Stattbau Stadtentwicklungs-GmbH" und von 1991 bis 1993 Gründungsgeschäftsführer der „Perspektive, Gesellschaft für Bauberatung und Betreuung mbH", einer Tochtergesellschaft des Paritätischen Wohlfahrtsverbandes (Landesverband Berlin) und der Stattbau GmbH. Seit 1993 ist er Professor an der Fakultät Soziale Arbeit der Hochschule Braunschweig-Wolfenbüttel (Ostfalia) und vertritt das Lehrgebiet Soziales Management mit den Aufgabenschwerpunkten Organisation/Organisationsentwicklung/Projektmanagement, Finanzierung, Personalmanagement sowie Existenz- und Unternehmensgründung. Seit 2001 leitet er den Masterstudiengang Sozialmanagement. Er ist Vorsitzender der Bundesarbeitsgemeinschaft Sozialmanagement/Sozialwirtschaft an Hochschulen (BAG SMW) e. V.

Quellen der Governancediskussion

1

Zusammenfassung

Nach der Grunddefinition beinhaltet Governance verschiedene Steuerungs- und Reglungsformen von unterschiedlichen Akteuren, die in einem Abhängigkeitsverhältnis zueinanderstehen, also nicht autark agieren, sondern sich unterstützen oder beeinträchtigen können. Die Wurzeln der Governance-Diskussion finden sich sowohl in der Ökonomie wie auch in der Politikwissenschaft. Diese beiden Quellen der Governance-Diskussion sollen näher betrachtet werden.

Lernziele

Es soll ein tiefergehendes Verständnis dafür entwickelt werden, was zu Governance gehören kann. Es wird zunächst vermittelt, dass die Verwendung des Begriffs Governance in unterschiedlichen Kontexten betrachtet werden muss.

1.1 Ökonomie

In der von Oliver Williamson begründeten Transaktionskostenökonomik als Bestandteil der Neuen Institutionenökonomik wird die Effizienz institutioneller Arrangements verglichen, in deren Rahmen wirtschaftliche Transaktionen erfolgen. Sie geht davon aus, dass jeder Handel, jede Organisationsform des Tausches mit Kosten verbunden ist. So können z. B. vor Vertragsabschluss Informationskosten entstehen, um Preise und Qualitäten zu eruieren, weiterhin Verhandlungskosten, Kosten für die Vertragsaufstellung, Gutachten etc. und nach dem Abschluss Aufwendungen zur Kontrolle und Durchsetzung, z. B. im Zusammenhang mit der Übertragung und

© Springer Fachmedien Wiesbaden GmbH, ein Teil von Springer Nature 2022

L. Kolhoff, *Governance in der Sozialwirtschaft*, Basiswissen Sozialwirtschaft und Sozialmanagement, https://doi.org/10.1007/978-3-658-27295-1_1

Durchsetzung von Verfügungsrechten. Weiterhin sind ggf. Nachverhandlungs- und Anpassungskosten bei Fehlentwicklungen und Kontrollen, z. B. Qualitätskontrollen, zu berücksichtigen. Transaktionen sind dann effizient, wenn die Akteure eine Koordinationsform wählen, bei der die Transaktionskosten minimal sind. Ziel der Transaktionskostenökonomik ist es deshalb, Schemata der institutionellen Koordination von Transaktionen zu untersuchen (Benz und Dose 2010, 17 f.).

„Governance" ist bei Williamson der Begriff für die institutionellen Regelungen der Handlungskoordination. Und diese Regeln laufen nicht immer auf den Markt hinaus, denn die Kosten wirtschaftlicher Transaktionen sind nicht dann am geringsten, wenn die Transaktionen über einen Markt abgewickelt werden (Benz et al. 2007, S. 11). Stattdessen scheinen Hierarchien oder Netzwerke überlegener zu sein. Das Kriterium zur Auswahl des angemessenen „Governance-Modus" ist die Höhe der Transaktionskosten (Williamson 1990, 78 ff.).

Transaktionen sind dann effizient, wenn sie so organisiert werden, dass sie geringe Kosten aufweisen. Dabei sind bestimmte Eigenschaften der betrachteten Transaktionen (Faktorspezifität) von Bedeutung, so ihre „Häufigkeit" und „Unsicherheit" sowie die Spezität der erforderlichen Investitionen in Human- und Sachkapital, also in Qualifikationen, Wissen und Reputation („Humanspezifität") oder den Ort („Standortspezifität") und die produktionsspezifischen Anlagen („Physikalische Spezifität").

Bei geringer Faktorspezifität, also wenn spezifisches Kapital nicht oder nur in geringem Maße für die Transaktion benötigt wird, sollte eine marktmäßige Abwicklung erfolgen. Sie ist für einfache, wenig problembehaftete Transaktionen geeignet (Abb. 1.1).

Fallen aber spezifische Investitionen ins Gewicht, so empfiehlt sich eine institutionelle Einbindung der Transaktionsbeziehung etwa durch langfristige Verträge (z. B. durch Kooperationsverträge).

Im Fall sehr hoher spezifischer Investitionen ist eine Integration in die Unternehmenshierarchie angezeigt.

Beispiel Tageszeitung

Ein Beispiel ist die Tageszeitung, die ihre Funktion nur erfüllt, wenn sie zum Frühstück bereitliegt. Die Druckerei ist deshalb im Verhältnis zum Zeitungsverlag zentral positioniert und i. d. R. im Eigentum des Verlages. Demgegenüber ist die Qualität des eigenen Outputs von der eines peripher positionierten Inputs separabel. So kann ein Buchverlag mit verschiedenen Druckereien verhandeln und ein schlecht geratenes Ergebnis zurückweisen. Deshalb ha-

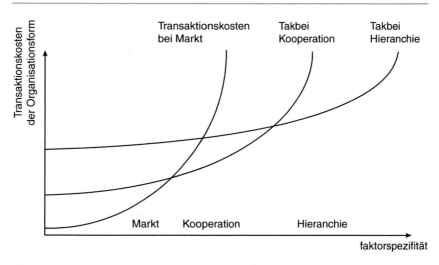

Abb. 1.1 Transaktionskosten der Organisationsformen (Quelle: http://edoc.hu-berlin.de/dissertationen/dienel-wolfram-2000-12-07/HTML/dienel-ch2.html. Zugegriffen: 22.06.2019)

> ben Buchverlage i. d. R. keine eigenen Druckereien, sondern kontrahieren über den Markt.
>
> Quelle: http://wirtschaftslexikon.gabler.de/Definition/transaktionskostenoekonomik.html. Zugegriffen: 25.05.2019.

Technologische Veränderungen, insbesondere der Einsatz neuer Informationstechnologien, ermöglichen die Senkung von Transaktionskosten und befördern einen Wandel hin zu organisatorischen und institutionellen Netzwerken, z. B. in der Automobilindustrie (Sydow 1992; Garcia Sanz et al. 2007), aber auch in anderen Sektoren (Sydow 2010), sodass Castells festhält, dass viele „Wirtschaftsunternehmen und zunehmend auch Organisationen und Institutionen […] in Netzwerken mit variabler Geometrie organisiert [sind], deren Verflechtung die traditionelle Unterscheidung zwischen Konzernen und Kleinunternehmen ersetzt, sich quer durch alle Sektoren erstreckt und sich entlang unterschiedlicher geografischer Konzentrationen ökonomischer Einheiten ausbreitet" (Castells 2017, S. 569).

Auch in der Sozialwirtschaft hat sich der Netzwerkgedanke verbreitet (Schubert 2018), denn die Strukturen sind komplex, sodass kooperative Netzwerke marktorientierten oder administrativen Koordinations- und Steuerungsmustern oft überlegen sind.

1.2   Politikwissenschaft

In der Politikwissenschaft wird Governance als Gegenpunkt zum staatlich-hierarchischen Government – „the system by which a state or community is governed" – verstanden (Benz et al. 2007, S. 11).

Government erfolgt „top down" im Rahmen formeller, festgelegter Verfahren und fester Institutionalisierungen in Hierarchien und Bürokratien und ist durch das Konfliktregulationsmuster Macht gekennzeichnet.

Governance erfolgt dagegen im Rahmen von Aushandlungsprozessen, Absprachen und Vereinbarungen, innerhalb von Netzwerken und Kooperationen. Es geht um Arrangements in Konstellationen, in denen es keinen einzelnen absolut dominierenden Akteur gibt.

Beispiele finden sich auf der Ebene der internationalen Beziehungen, denn jenseits des Nationalstaats ist ein Regieren nach dem klassischen Modus hierarchischer Steuerung gar nicht möglich (Mayntz 2010, S. 37). Hier finden wir ein „Governance without Government" (Benz et al. 2007, S. 12). Allgemein bekannt sind die Aushandlungsprozesse auf der internationalen Ebene, beispielsweise in der UN oder in der Europäischen Union, in denen formelle und informelle Ansätze zusammenwirken (Anhörungen, Lobbyismus und Aushandlungen). Dass eine Hierarchie nicht notwendig ist, um eine Handlungskoordination zwischen den Staaten zu ermöglichen, wird am Beispiel des Zustandekommens des „CETA Freihandelsabkommens" zwischen der Europäischen Union und Kanada gezeigt. Es werden die Phasen Mandat, Verhandlungen und Entscheidung durchlaufen.

1.   Mandat

Die Regierungen der EU-Länder erteilen der Kommission einen Verhandlungsauftrag. (In diesem Fall geben die nationalen Regierungen der Europäischen Kommission das Mandat zur Aufnahme der CETA-Verhandlungen im Juni 2013.)

2.   Verhandlungen

Die Vertreter der EU verhandeln mit den Vertretern von Kanada, tauschen schriftliche Vorschläge aus und verfassen einen mehrere hundert Seiten umfassenden Text. Sobald die Verhandlungen abgeschlossen sind, wird der ausgehandelte Wortlaut im Internet veröffentlicht.

3.   Entscheidung

Der Text wird an die Regierungen der EU-Mitgliedstaaten und das Europäische Parlament weitergeleitet. Die nationalen Regierungen und das Europäische Parlament entscheiden, ob das Abkommen abgeschlossen wird.

Governancestrukturen finden sich auf den unterschiedlichen Ebenen der Europäischen Union. Die EU ist kein souveräner Staat, da sie nicht die alleinige Herrschaftsmacht ausübt, sondern ein Gesamtsystem von europäischen Institutionen, Nationalstaaten und Regionen. Governance in der EU ist ein Koordinations- und Aushandlungsprozess, an dem die Nationalstaaten und Regionen, die Kommission, das Europäische Parlament und eine Vielzahl von nicht staatlichen Akteuren beteiligt sind. Öffentliche Amtsträger und Vertreter gesellschaftlicher Interessen wirken zusammen. Es werden auf verschiedenen Ebenen Elemente von Hierarchie (Steuerung durch Recht), Verhandlungen und Politikwettbewerb kombiniert (Abb. 1.2).

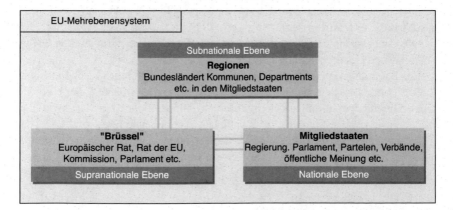

Abb. 1.2 EU Mehrebenensystem (Quelle: http://www.online-dissertation.de/europaeische_union/problem/komplexitaet.htm)

Die Mitgliedstaaten sind in der EU-Institutionen wie dem Europäischen Rat und dem Rat (Ministerrat) vertreten, die mit dem von den Rat der EU gewählten Europäischen Parlament und der Europäischen Kommission zusammenwirken. Die Hauptorgane der EU und ihr Zusammenwirken werden im Folgenden kurz skizziert.

Der Europäische Rat

Vier Mal im Jahr kommen die EU-Staats- und -Regierungschefs zusammen, um die politische Agenda der EU festzulegen. Der Europäische Rat ist die höchste Ebene der politischen Zusammenarbeit zwischen den EU-Ländern.

Rat der EU (Ministerrat)

Im Rat der EU (Ministerrat) kommen Minister aus allen EU-Ländern zusammen, um Rechtsvorschriften zu diskutieren, zu ändern und anzunehmen. Außerdem koordinieren sie ihre Politikbereiche. Alle auf den Ratstagungen anwesenden Minister sind befugt, für die Regierungen der von ihnen vertretenen Mitgliedstaaten verbindlich zu handeln.

Das Europäische Parlament

Das Europäische Parlament ist das Gesetzgebungsorgan der EU. Es wird alle fünf Jahre direkt von den Bürgerinnen und Bürgern der EU gewählt und hat neben der Gesetzgebungsfunktion (Verabschiedung von EU-Rechtsvorschriften in Zusammenarbeit mit dem Rat der EU auf der Grundlage von Vorschlägen der Europäischen Kommission) eine Aufsichtsfunktion gegenüber allen EU-Organen. Das Europäische Parlament stellt gemeinsam mit dem Rat der EU den Haushaltsplan der EU auf.

Die Europäische Kommission

Die Europäische Kommission ist die politisch unabhängige Exekutive der EU. Sie ist allein zuständig für die Erarbeitung von Vorschlägen für neue europäische Rechtsvorschriften und setzt die Beschlüsse des Europäischen Parlaments und des Rates der EU um.

Die Hauptorgane der EU (Quelle: Offizielle Website der Europäischen Union https://europa.eu/european-union/index_de)

Das Zusammenwirken der Hauptorgane wird in der Abbildung (1.3) visualisiert.

Die Nationalstaaten und Regionen haben also die Möglichkeit, bei europäischen Entscheidungen mitzuwirken, andererseits gibt es auch eine Rückwirkung von europäischen Bestimmungen auf nationale und regionale Ebenen.

Dabei gibt es neben zwingenden Mechanismen, wie den europäischen Verordnungen, auch nicht zwingende Instrumente. Sie funktionieren über „soft gover-

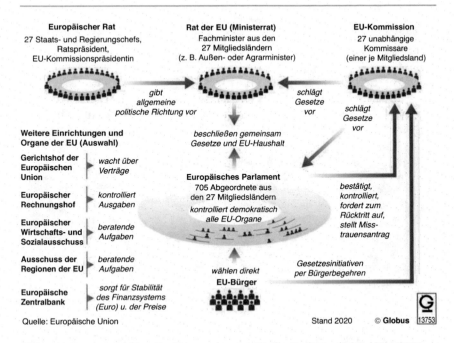

Abb. 1.3 Zusammenwirken der Hauptorgane der EU (Quelle Globus Infografik 13753)

nance tools" (Milotay 2017, S. 6), wie z. B. die offene Koordinierungsmethode (Yollu-Tok 2016), die genutzt wird, um gemeinsame Ziele in den Bereichen Beschäftigung, Sozialschutz, Bildung, Jugend und Ausbildung zu setzen, diese durch Methoden wie Peer Learning oder Peer Counseling zu überprüfen (Milotay 2017, S. 7) und damit unterschiedliche nationalstaatliche Strukturen zu harmonisieren.

Die „offene Koordinierungsmethode"

Bei der „offenen Koordinierungsmethode" werden von der EU vorgegebene strategische politische Leitlinien in nationales Recht umgesetzt, ohne unmittelbar in die Kompetenzen der Mitgliedstaaten eingreifen zu müssen. Die offene Koordinierungsmethode kann als eine Art „nicht zwingendes Recht" beschrieben werden. Es handelt sich um eine Form der zwischenstaatlichen

Politikgestaltung, die keine verbindlichen gesetzgeberischen EU-Maßnahmen zur Folge hat und den EU-Ländern nicht die Einführung oder Änderung ihrer Gesetze auferlegt. Aus diesem Grunde wird der Ansatz auch als „soft law" bezeichnet.

Da die EU keine originären Kompetenzen aus den Europäischen Verträgen ableiten kann, stellt der Ansatz ein Instrument dar, trotzdem gemeinsame Strategien verfolgen und politische Ziele europaweit umzusetzen zu können.

Der Ansatz lässt sich in drei wesentliche Schritte untergliedern:

1. **Festlegung von Leitlinien durch den Europäischen Rat**
   (z. T. versehen mit quantitativen und qualitativen Indikatoren)
2. **Erstellen Nationaler Aktionspläne durch die Mitgliedstaaten**
   (u. a. bilaterale Gespräche zur Nachbesserung im Vorfeld des Gemeinsamen Berichtes)
3. **Berichte der Europäischen Kommission zur Bewertung der Nationalen Aktionspläne** („Benchmarking", d. h. Vergleich der Leistung der EU-Länder, und Austausch von bewährten Vorgehensweisen (überwacht von der Kommission).

In den Nationalen Aktionsplänen finden sich jeweils Beispiele für „best practice" – besonders beispielhafte Umsetzungsmodelle – im Hinblick auf die Erreichung bestimmter Politikziele. Durch den Gemeinsamen Bericht der Kommission, in dem die Nationalen Aktionspläne bewertet werden und in den auch die Beispiele für „best practice" einfließen, soll eine Vergleichbarkeit der Mitgliedstaaten gewährleistet werden. Gleichzeitig soll auf diese Weise ein gegenseitiger Lernprozess in der Europäischen Union eingeleitet werden. Die offene Koordinierungsmethode bietet neue Rahmenbedingungen für die Zusammenarbeit zwischen den EU-Ländern. Ihr Zweck ist es, die nationale Politik auf die Realisierung bestimmter gemeinsamer Ziele auszurichten. In dieser Form der Regierungszusammenarbeit bewerten sich die EU-Länder gegenseitig („Konformitätsdruck"); die Kommission beschränkt sich auf die Überwachung des Prozesses. Das Europäische Parlament und der Europäische Gerichtshof sind an der OKM weitgehend unbeteiligt. (Quelle: https://eur-lex.europa.eu/summary/glossary/open_method_coordination.html?locale=de)

Governance ist nicht nur auf der Ebene der EU eine politische Tatsache. Für Benz, Lütz, Schimank, Simonis beschreibt der Governance-Begriff „die Realität des kompletten Regierens und kollektiven Handelns in Gesellschaften, in denen sich die Grenzen des Staates sowohl gegenüber der Gesellschaft als auch gegenüber der internationalen Umwelt längst aufgelöst haben" (Benz et al. 2007, S. 11). Für sie verweist der Begriff auf „neue Modi gesellschaftlicher bzw. politischer Steuerung und Koordination in komplexen Akteurskonstellationen und Interorganisationsgefügen" (Benz et al. 2007, S. 11). Mit Governance werden keine vollkommen neuen Phänomene beschrieben, sondern bereits seit Längerem abgelaufene oder noch ablaufende Veränderungen auf den Begriff gebracht.

Benz kennzeichnet folgenden Begriffskern von Governance:

1. „Governance bedeutet Steuern und Koordinieren (oder auch Regieren) mit dem Ziel des Managements von Interdependenzen zwischen (in der Regel) kollektiven Akteuren.
2. Steuerung und Koordination beruhen auf institutionalisierten Regelsystemen, welche das Handeln der Akteure lenken sollen, wobei in der Regel Kombinationen aus unterschiedlichen Regelsystemen (Markthierarchie, Mehrheitsregel, Verhandlungsregeln) vorliegen.
3. Governance umfasst auch Interaktionsmuster und Modi kollektiven Handelns, welche sich im Rahmen von Institutionen ergeben (Netzwerke, Koalitionen, Vertragsbeziehungen, wechselseitige Anpassung im Wettbewerb).
4. Prozesse des Steuerns bzw. Koordinierens sowie Interaktionsmuster, die der Governance-Begriff erfassen will, überschreiten in aller Regel Organisationsgrenzen, insbesondere aber auch die Grenzen von Staat und Gesellschaft, die in der politischen Praxis fließend geworden sind. Politik in diesem Sinne findet normalerweise im Zusammenwirken staatlicher und nicht staatlicher Akteure (oder von Akteuren innerhalb und außerhalb von Organisationen) statt" (Benz 2004, S. 23).

Government- und Governancestrukturen existieren nebeneinander und können wie in Tab. 1.1 gezeigt voneinander unterschieden werden.

Nicht unerwähnt bleiben soll die Kritik an Governancestrukturen, die demokratische Strukturen „überformen" können, da politische Weichenstellungen durch Personen erfolgen können, die kein politisches Mandat haben und „deren Arbeit sich weitgehend der Kontrolle durch gewählte Parlamente entzieht" (Roß 2018, S. 732).

Tab. 1.1 Unterschiede zwischen Government und Governance

Government	Governance
• ist fest institutionalisiert	• ist flexibel
• ist formal	• ist informell
• erfolgt „top down" im Rahmen festgelegter Verfahren und fester Institutionalisierung	• ist selbststeuernd
• hat eine hohe Regelungsdichte; es geht um festgelegte Verfahren	• hat eine niedrige Regelungsdichte; die Dinge sind wenig begrenzt

1.3   Kontrollfragen zu Kap. 1

1.1. Was verstehen Sie unter Transaktionskosten?
1.2. Wie wird in der Politikwissenschaft Governance von Government abgegrenzt?

Literatur

Benz, A. (Hrsg.) (2004), Governance – Regieren in komplexen Regelsystemen. 1. Aufl. Wiesbaden: VS Verlag für Sozialwissenschaften
Benz, A., & Dose, N. (2010). Governance – Modebegriff oder nützliches sozialwissenschaftliches Konzept. In Benz, A. & Dose N. (Hrsg.), *Governance – Regieren in komplexen Regelsystemen* (S. 13–36). 2., aktualisierte und veränderte Aufl. Wiesbaden: VS Verlag für Sozialwissenschaften.
Benz, A., Lütz, S., Schimank, U., & Simonis, G. (Hrsg.) (2007). Handbuch Governance. Wiesbaden: VS Verlag für Sozialwissenschaften.
Castells, M. (2017). Der Aufstieg der Netzwerkgesellschaft. Das Informationszeitalter, Wirtschaft, Gesellschaft, Kultur, Band 1, 2. Auflage, Wiesbaden: Springer VS.
Garcia Sanz, F. J., Semmler, K., Walther, J. (Hrsg.) (2007). Die Automobilindustrie auf dem Weg zur globalen Netzwerkkompetenz. Effiziente und flexible Supply Chains erfolgreich gestalten, Berlin Heidelberg: Springer-Verlag.
Mayntz, R. (2010). Governance im modernen Staat. In Benz, A. & Dose N. (Hrsg.), *Governance – Regieren in komplexen Regelsystemen* (S. 37–48). 2., aktualisierte und veränderte Auflage. Wiesbaden, VS Verlag für Sozialwissenschaften.
Milotay, N. (2017). Social governance in the European Union. Governing complex systems. European Parliamentary Research Service PE 614.579, https://www.europarl.europa.eu/RegData/etudes/IDAN/2017/614579/EPRS_IDA(2017)614579_EN.pdf.   Zugegriffen: 18.04.2021.
Roß, P.S., (2018). Governance. In Grunwald, K., Langer, A.(Hrsg.), *Sozialwirtschaft. Handbuch für Wissenschaft und Praxis* (S. 726–738). Baden-Baden: Nomos.
Schubert, H. (2018): Netzwerkorientierung in Kommune und Sozialwirtschaft, Wiesbaden: Springer VS.

Sydow, J. (1992): Strategische Netzwerke: Evolution und Organisation, Wiesbaden: Gabler.

Sydow, J. (Hrsg.) (2010). Management von Netzwerkorganisationen: Beiträge aus der „Managementforschung". 5., aktualisierte Aufl., Wiesbaden: Gabler.

Williamson, O. E. (1990). Die ökonomischen Institutionen des Kapitalismus. Tübingen: Mohr.

Yollu-Tok, A. (2016). Von der „Europäischen Beschäftigungsstrategie" zur „offenen Methode der Koordinierung" im Bereich der Sozialpolitik. In Hammerschmidt, P., Köttler, U., Sagebiel, J. (Hrsg.), (2016). *Die Europäische Union und die Soziale Arbeit*. 1. Auflage, (S. 79–97). Neu-Ulm: AG SPAK.

Makroebene: „Orders of Governance" 2

Zusammenfassung

Im nachfolgenden Kapitel geht es auf der Makroebene um die First-, Second- und Third- Order of Governance. Die First-Order of Governance widmet sich politischen und wirtschaftlichen Aushandlungs- und Problemlösungsprozessen, wobei diese in der Sozialwirtschaft insbesondere auf lokaler und regionaler Ebene vonstattengehen. Die Second-Order of Governance bezieht sich auf institutionelle Rahmenbedingungen und die Third-Order of Governance betrachtet normative Rahmenbedingungen.

Lernziele

Im Text wird anhand lokaler und regionaler politischer und wirtschaftlicher Aushandlungs- und Problemlösungsprozesse (First Order of Governance) verdeutlicht, wie Akteure in einem Sozialraum kooperieren können. Es wird dargelegt, dass die Erbringung sozialer Leistungen eines Staates sowohl von staatlichen als auch von nicht staatlichen Akteuren abhängig ist, die miteinander in komplexen Strukturen kooperieren (Second Order of Governance). Dabei wird die Bedeutung normativer Richtlinien, also verbindlicher Regeln und Maßstäbe, einer „Good Governance" (Third Order of Governance) hervorgehoben.

© Springer Fachmedien Wiesbaden GmbH, ein Teil von Springer Nature 2022

L. Kolhoff, *Governance in der Sozialwirtschaft*, Basiswissen Sozialwirtschaft und Sozialmanagement, https://doi.org/10.1007/978-3-658-27295-1_2

2.1   First Order of Governance, Problems and Opportunities: Lokale und regionale Problemlösungs- und Politikprozesse

Im Rahmen vieler politischer Debatten und Krisen, wie z. B. rund um die Flüchtlingsthematik 2015/2016, stehen raumbezogene Probleme und deren Lösungsmöglichkeiten (Kooimann 2003, 135 ff.) im Zentrum der Aufmerksamkeit.

Internationale, nationale, regionale und lokale Prozesse sind immer mehr miteinander vernetzt worden, sei es im Rahmen einer Global Governance auf der Ebene der Vereinten Nationen, einer European Governance auf der europäischen Ebene, einer National Governance auf der nationalen Ebene, einer Regional Governance auf der Ebene der Regionen oder Bundesländer oder einer Local Governance auf der kommunalen Ebene. Gemeinsam ist allen Ansätzen, dass schwer koordinierbare Einfluss- und Machtstrukturen beschrieben werden, die sich nicht an einer „Top-down-Mentalität" ausrichten (Greca 2005, S. 55), mit positiven wie auch negativen Auswirkungen. Als Beispiel benennt Greca Lobbyisten, die ihre Macht auf kommunalpolitischer Ebene bei der Manipulation von öffentlichen Aufträgen ausweiten, oder gemeinnützige Vereine und Verbände, die ihre Interessen von unten, also „bottom up" durchsetzen (Greca 2005).

Da für die Sozialwirtschaft insbesondere die lokale und regionale Ebene bedeutsam sind, werden diese im Folgenden vorgestellt.

2.1.1   Local Governance

Unter Local Governance versteht man Politik- und Problemlösungsprozesse auf kommunaler Ebene. Sie sind für die Sozialwirtschaft von hoher Bedeutung, denn soziale Arbeit findet vor Ort statt. Folglich haben die Träger sozialer Arbeit einen starken lokalen Bezug. So sind die kreisfreien Städte und die Landkreise die örtlichen öffentlichen Träger der Jugend- (§ 69 Abs. 3 SGB VIII) und Sozialhilfe (§ 3 Abs. 2 SGB XII) und auch freie Träger wirken auf lokaler Ebene und arbeiten mit öffentlichen Trägern, mit Parteien, Verbänden, Unternehmen und den Akteuren des informellen Sektors im Sinne einer Local Governance zusammen. Auch Akteure der Zivilgesellschaft können hier einfacher als auf anderen Ebenen angesprochen werden. Denn hier kann an Erfahrungen in Kirchengemeinden, Gremien oder Vereinen angeknüpft werden. Die kommunale Ebene bietet die meisten Möglichkeiten, direkt in Entscheidungsfindungen einzugreifen (Bogumil und Holtkamp 2004, S. 145).

Das Programm „Soziale Stadt"

Ein Beispiel zur Unterstützung von Local-Governance-Strukturen bietet das Programm „Soziale Stadt". Es wurde 1999 als gemeinsames Programm von Bund und Ländern gestartet und „steht für den Versuch, eine sozialorientiertere Stadtentwicklungspolitik zu institutionalisieren, mit der Ressourcen und Kooperation in städtischen Problemgebieten gebündelt werden" (Häußermann und Walther 2018, S. 2197).

Das Programm führte zu einem Umbau der Städtebauförderung, die mit anderen für die Stadtentwicklung relevanten Politikfeldern verbunden wurde (Bogumil und Holtkamp 2004, S. 154), denn es geht nicht nur um Gebäude, sondern auch um die Verbesserung der Infrastruktur für Kinder, Jugendliche, alte Menschen und andere Zielgruppen, weiterhin um Fragen wie Beschäftigungsförderung und Verbesserung der Lebensbedingungen vor Ort und die Förderung lebendiger Nachbarschaften und die Stärkung der Integration und des sozialen Zusammenhalts.

Bis 2018 wurden insgesamt ca. 5,3 Milliarden Euro bereitgestellt (BMI 2019). In der Abbildung (2.1) wird die Verteilung der Bundesmittel visualisiert.

Das Programm „Soziale Stadt" ist ein Beispiel dafür, wie Governancestrukturen zum Tragen kommen können, denn Voraussetzung und Garant für die erfolgreiche Durchführung des Programms sind die Einbindung und Beteiligung der Bewohnerschaft und gesellschaftlicher Akteure, wie z. B. Vertreter von Schulen, Arbeitsagenturen, Wohnungsbaugesellschaften etc., und strategisches, sektorübergreifendes Verwaltungshandeln. Deshalb verpflichten sich die Kommunen, lokale Netzwerke aufzubauen und partizipative Strukturen in benachteiligten Stadtteilen zu schaffen, in denen Experten mit Bewohnern über bauliche und soziale Maßnahmen diskutieren. Die Bürger bringen hier aktiv ihre Wünsche und Vorstellungen ein und die Experten erarbeiten dann Handlungskonzepte als Vorlage für Politik und Verwaltung.

Zur Steuerung wurden Koordinierungs-, Lenkungs- und Umsetzungsgruppen aufgebaut, wie in Abb. 2.2 an einem Beispiel aus München Hasenbergl verdeutlicht wird.

Koordinierungsgruppe
Die Koordinierungsgruppe Hasenbergl (KGH) war das Gremium vor Ort, das die Arbeit im Stadtteil lenkte, über die Förderung kleiner Projekte entschied und alle Maßnahmen des Programms „Soziale Stadt" im Hasenbergl koordinierte. Sie bestand aus Vertretern der Stadtteileinrichtungen, der zuständigen Fachreferate und des Bezirksausschusses.

Soziale Stadt

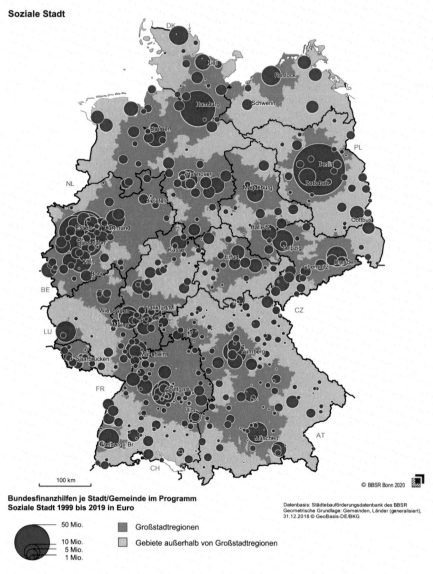

100 km

© BBSR Bonn 2020

**Bundesfinanzhilfen je Stadt/Gemeinde im Programm
Soziale Stadt 1999 bis 2019 in Euro**

Datenbasis: Städtebauförderungsdatenbank des BBSR
Geometrische Grundlage: Gemeinden, Länder (generalisiert),
31.12.2018 © GeoBasis-DE/BKG

- 50 Mio.
- 10 Mio.
- 5 Mio.
- 1 Mio.

▮ Großstadtregionen

▯ Gebiete außerhalb von Großstadtregionen

Abb. 2.1 Bundesfinanzhilfen je Stadt/Gemeinde im Programm „Soziale Stadt" 1999 bis
2019 in Euro (BMI 2021)

Die Geschäftsführung lag beim Referat für Stadtplanung und Bauordnung, Hauptabteilung III – Stadtsanierung und Wohnungsbau.
Aufgaben der Koordinierungsgruppe waren:

* Vernetzung der Akteure und Aktivitäten im Hasenbergl
* Forum zur Beratung aktueller Themen und Projektideen
* Entwicklung von Bausteinen des integrierten Handlungskonzepts für eine Quartiersstrategie/Quartiersentwicklung
* Sicherstellung von Beteiligungsformen für die Bewohnerinnen und Bewohner des Stadtteils (runde Tische, Fachforen, Großgruppenveranstaltungen etc.)
* intensive stadtteilbezogene Öffentlichkeitsarbeit
* Priorisierung/Entscheidung über Projektanträge bzw. deren Weiterleitung an die Lenkungsgruppe

Nach Beendigung der aktiven Phase des Programms „Soziale Stadt" übernimmt zukünftig die Federführung und Moderation der Verstetigung der Bezirksausschuss 24. Dafür hat der Bezirksausschuss einen eigenen Unterausschuss Soziale Stadt eingerichtet. Die Aufgabe der Koordinierungsgruppe auf Stadtteilebene soll künftig von vier Arbeitskreisen wahrgenommen werden:

* Arbeitskreis Gewerbe und Wohnen
* Arbeitskreis Schule/Bildung
* Arbeitskreis Stadtteilaktivitäten, Kultur, Gesundheit
* Arbeitskreis REGSAM/Soziales

Die Lenkungsgruppe

Zur stadtweiten Projektsteuerung und Koordination des Programms „Soziale Stadt" wurde gemäß **Beschluss vom 21.07.1999** eine referatsübergreifende Lenkungsgruppe Soziale Stadt (LGS) mit einem ständigen Teilnehmerkreis und einem erweiterten Teilnehmerkreis eingerichtet. Die LGS tagt im Rhythmus von vier bis sechs Wochen und begleitet und steuert die stadtweite Umsetzung des Programms „Soziale Stadt" in den Sanierungsgebieten.

Die Geschäftsführung und der Vorsitz der LGS liegen beim Referat für Stadtplanung und Bauordnung, Hauptabteilung III – Stadtsanierung und Wohnungsbau. Der Vorsitz liegt bei Herrn Walter Buser (Referat für Stadtplanung und Bauordnung). Nach Bedarf werden weitere städtische Referate sowie sonstige Dienststellen und Experten mit eingeladen.

Den ständigen Teilnehmerkreis bilden:

- Referat für Stadtplanung und Bauordnung, Hauptabteilung I – Stadtentwicklungsplanung
- Referat für Stadtplanung und Bauordnung, Hauptabteilung III – Stadtsanierung und Wohnungsbau
- Sozialreferat, Sozialberichterstattung/Sozialplanung
- Referat für Arbeit und Wirtschaft, Fachbereich Kommunale Beschäftigungspolitik/Qualifizierung
- Referat für Gesundheit und Umwelt, Planung/Koordination
- Schul- und Kultusreferat, Stabsstelle Planung/Koordination/Controlling
- Kulturreferat, Abteilung Kulturelle Infrastruktur
- Baureferat, Hauptabteilung Gartenbau/Hauptabteilung Hochbau

Umsetzungsgruppen

Die Umsetzungsgruppen entstanden als Ergebnis der Zukunftskonferenz im Mai 2001. Dort wurden die Themen, die den Bürgerinnen und Bürgern am wichtigsten waren, herausgearbeitet.

Die Umsetzungsgruppen bildeten den Rahmen für die thematische Beteiligung der Bürgerinnen und Bürger im Sinne des integrierten Handlungskonzeptes.

Das Referat für Stadtplanung und Bauordnung und die Quartierskoordinatoren moderierten die Umsetzungsgruppen und unterstützten daraus entstandene Projektideen. Über die Einbindung in die Koordinierungsgruppe erfolgte die gegenseitige Information und Vernetzung mit dem Programm.

Projektgruppen

Über die Umsetzungsgruppen hinaus existierten für einige konkrete Projekte sogenannte Projektgruppen für folgende Themenbereiche:

- Öffentlichkeitsarbeit
- Internetauftritt Stadtteil
- Wohnumfeldgestaltung Wintersteinstraße
- Erlebnisspielplatz Feldmochinger Anger
- Bürgerbeteiligung

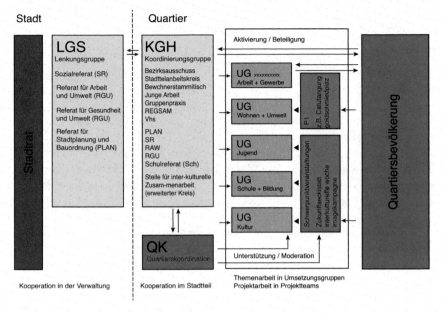

Abb. 2.2 Organisationsstruktur „Soziale Stadt" am Beispiel München Hasenbergl http://www.
sozialestadt-muenchen.de/index.php?option=com_content&view=article&id=51&Itemid=282

Die Organisationsstruktur kann wie folgt visualisiert werden (Abb. 2.2):

Das Programm „Soziale Stadt" soll dazu beitragen, neue integrierte Politikformen auf lokaler Ebene zu erproben. Zentrales Instrument ist dabei ein integriertes Entwicklungskonzept, das Maßnahmen enthalten soll, „die der Verbesserung der Wohn- und Arbeitsverhältnisse sowie der Schaffung und Erhaltung sozial stabiler Bewohnerstrukturen dienen" (171e Abs. 4 BauGB).

Die Einbindung und Vernetzung einer Vielzahl von öffentlichen und nicht öffentlichen Akteuren sind hierbei wichtige Erfolgsfaktoren. Hierzu werden folgende Instrumente eingesetzt:

- „Integriert planen" und die Bewohner und relevante Akteure einbinden (BMI 2019, S. 58).
- „Bewohnerschaft aktivieren" und zu Beteiligten machen (BMI 2019, S. 66).
- „Quartiere managen", d. h Informieren, Beteiligen, Aktivieren und Einbinden der Bevölkerung und Vernetzen und Steuern der relevanten Akteure (BMI 2019, S. 64).

- „Bündnisse schmieden", d. h. „Aufgaben der öffentlichen Hand mit dem Engagement von Wohlfahrtsverbänden, Vereinen, Kirchen, Initiativen, Unternehmen und Stiftungen sowie der Bewohnerschaft verknüpfen" (BMI 2019, S. 70).
- „Gemeinschaftlich über Mittel verfügen", d. h. mit dem Instrument der Verfügungsfonds den Akteuren vor Ort die Gelegenheit bieten, selbstständig Projekte umzusetzen (BMI 2019, S. 68).

Genauso wichtig wie die Aktivierung und Vernetzung der öffentlichen und nicht öffentlichen Akteure ist die Überwindung des Ressortdenkens in den Verwaltungen (BBSR 2020, S. 55). Es gilt, Ressortübergreifend zu kooperieren (BMI 2019, S. 60) und Ressourcen zu bündeln (BMI 2019, S. 62). Um das Fachwissen und die finanziellen Mittel unterschiedlicher Politikbereiche und Fachdisziplinen zu nutzen, werden die Ressourcen aus dem Programm „Soziale Stadt" mit Landes- und Bundesmitteln aus anderen Politikbereichen – z. B. Mittel zur Eingliederung in den Arbeitsmarkt – und EU-Geldern und Mitteln von privaten Akteuren wie Unternehmen und Stiftungen gekoppelt (BMI 2019, S. 62).

2.1.2 Regional Governance

Der Regional-Governance-Ansatz kommt aus dem englischen Raum zu uns (Fürst 2007, S. 353) und ist dort am stärksten ausgebildet, wo die regionale Ebene schwach organisiert ist. In England gibt es weder Regionalverbände noch Regierungsbezirke, die regionale Politik koordinieren können. Eine ähnliche Tendenz ist in Deutschland zu konstatieren. So wurden beispielsweise in Niedersachsen die Regierungsbezirke abgeschafft. Gleichzeitig stellt aber die Europäisierung wachsende Anforderungen an regionale Koordinationsleistungen. Folglich gilt es die Regionsebene strategiefähig zu machen. Dort, wo regionale Governmentstrukturen fehlen, wird im Rahmen einer Regional Governance versucht, regionale Prozesse zu koordinieren und dabei staatliche und nicht staatliche Ebenen und Akteure mit einzubinden, die für die Region von Bedeutung sind. Der Begriff Region meint einen Raumausschnitt unterhalb eines Bundeslandes, jedoch oberhalb einer Gemeinde oder Stadt. Regionen sind im Sinn des Regional-Governance-Konzepts Handlungsräume, die durch bestimmte raumbezogene Funktionen, z. B. regionale Arbeitsmarktpolitik, Wirtschaftsförderung, regionale Kulturpolitik etc., definiert sind (Benz 2004, S. 23). Governance bedeutet hier die Selbststeuerung der regionalen Akteure, Kommunen, staatlichen Akteure, Vertreter der Wirtschaft etc. in Verhandlungen und Netzwerken.
Ein Beispiel für die Unterstützung von Regional-Governance-Prozessen ist die Internationale Bauausstellung „Emscher Park" (Abb. 2.3).

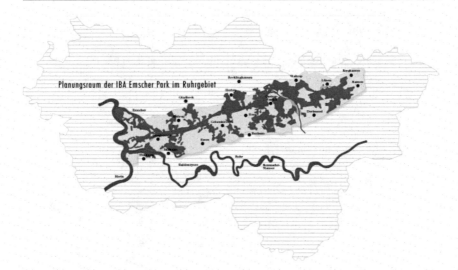

Abb. 2.3 Planungsraum der IBA Emscher Park, Quelle: https://www.stiftung-deutscher-architek-ten.de/meldungen/detail/s-m-burggraef-dissertation-zur-iba-emscher-park/ Zugriff:10.9.2021

Internationale Bauausstellung „Emscher Park"
17 Städte (Bergkamen, Bochum, Bottrop, Castrop-Rauxel, Dortmund, Duis-burg, Essen, Gelsenkirchen, Gladbeck, Herne, Herten, Kamen, Lünen, Mül-heim an der Ruhr, Oberhausen, Recklinghausen, Waltrop) und zwei Kreise (Recklinghausen und Unna), in einer alten Industrieregion am Fluss Em-scher gelegen, mit insgesamt 2,5 Mio. Einwohnern, haben sich im Rahmen der IBA Emscher Park zusammengeschlossen und von 1989 bis 1999 ihre Region entwickelt und attraktiver gestaltet.

Durch die IBA Emscher Park ist ein Regionalisierungsprozess gelungen. „So sei es heute kaum noch der Rede wert, wenn ein Bochumer Stadtrat bei der Rats-sitzung im benachbarten Essen dabei sei und es um die Ausweisung von Gewerbe-gebieten gehe. Denn nur gemeinsam ließen sich bestimmte Projekte angehen, wenn es um die Entwicklung des gesamten Ballungsraums gehe" (Arnig 2008).
Ein anderes Beispiel findet sich in der Region Stuttgart:

Region Stuttgart
Aus dem Stuttgarter Kommunalverband wurde 1994 der regionale Verband „Region Stuttgart", welcher rechtlich der Gebietskörperschaft sehr ähnlich

ist, dessen Aufgabenbereich jedoch in der regionalen Entwicklungssteuerung liegt.
  Dem Verband wurden durch Gesetz folgende Aufgaben übertragen:

– Regionalplanung,
– Landschaftsrahmenplanung,
– Regionalverkehrsplanung,
– Wirtschaftsförderung,
– öffentlicher Personennahverkehr,
– Teile der Abfallentsorgung,
– Tourismusmarketing.

  Das Konzept der „Region Stuttgart" besteht aus drei Elementen, in denen Kooperation zwischen den regionalen Akteuren stattfindet:

1. Die Kompetenz zur Anordnung kommunaler Planung
2. Die Verbindung von Planungs- und Fachzuständigkeiten
3. Die Einrichtung eines demokratisch legitimierten Regionalparlaments

Quelle: http://www.bbsr.bund.de/BBSR/DE/Veroeffentlichungen/IzR/2003/
Downloads/8_9Benz.pdf;jsessionid=89E50DC464550A48D8F55C6663C6CB57.
live2053?__blob=publicationFile&v=2. Zugegriffen: 22.02.2019
  Das Besondere der Regional Governance sind regionale Formen der Selbststeuerung, die auf Freiwilligkeit beruhen.
  Fürst fragt,

• wie sich Regelsysteme herausbilden, die institutionell nicht miteinander verbunden sind,
• wie Regelsysteme sanktioniert werden,
• wie Akteure strategie- und handlungsfähige Kollektive bilden,
• wie die Ergebnisse solcher Selbststeuerung in legitimierte politische Strukturen eingepasst werden und
• wie das gemeinsam Gewollte auch umgesetzt wird (Fürst 2004, S. 48).

  Doch nicht jede regionale Kooperation kann als Regional Governance bezeichnet werden. So agieren im Rahmen der regionalen Selbststeuerung (z. B. der Übernahme von Aufgaben der Jugendarbeit in den Kommunen) staatliche Akteure, während bei der Regional Governance staatliche und nicht staatliche Akteure in Netzen zusammenarbeiten. Im Gegensatz zur staatlichen Steuerung, die von geschlossenen Einzugsbereichen ausgeht, ist Regional Governance eine komplexe Steuerung von Strukturen einer Region.

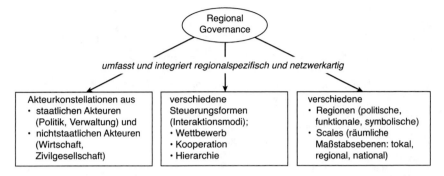

Abb. 2.4 Merkmale der Regional Governance,

Die Merkmale der Regional Governance werden in der folgenden Abbildung (2.4) skizziert:

Quelle: http://www.bbsr.bund.de/BBSR/DE/Veroeffentlichungen/IzR/2003/ Downloads/8_9Benz.pdf?__blob=publicationFile&v=2. Zugegriffen: 10.9.2021

Um durch Regional Governance Vertrauen, Solidarität, Gemeinwohlorientierung und Kooperationsbereitschaft zu stärken, müssen die Akteure der Region (Politiker, Unternehmensvertreter, Verbandsvertreter etc.) gewonnen und zu gemeinsamen Handlungen bewegt werden. Dabei gibt es kein festgelegtes Regelwerk, sondern bestenfalls Muster, die es zu erkennen gilt. Hierfür ist eine Checkliste siehe Tab. 2.1 hilfreich. Sie ist entwickelt worden, um Regional-Governance-Muster zu erfassen. (Je mehr Fragen mit Ja beantwortet werden können, umso deutlicher wird der Anteil an Regional Governance).

2.2   Second Order of Governance, Institutions: Institutionelle Aspekte

In zweiter Näherung (Second Order of Governance) werden institutionelle Gesichtspunkte thematisiert.

2.2.1   Governance und Wohlfahrtsmix

An der Erbringung sozialwirtschaftlicher Leistungen sind Staat, Markt, intermediärer Sektor, auch Non-Profit-Sektor genannt, und der informelle Sektor beteiligt. Zentraler Akteur des Staates ist die öffentliche Verwaltung, im Markt sind es Unternehmen, im intermediären Sektor sind es Vereine, Verbände und Stiftungen und

Tab. 2.1 Regional Governance Check, Quelle: Rakebrandt 2006 (Die Kriterien sind Benz 2004 und Fürst 2004 entnommen.)

	Ausgangssituation	Ja	Unklar	Nein
A	In der Region liegt ein Defizit vor, das von der Gesellschaft auch als solches empfunden wird.			
B	Bei dem Defizit handelt es sich nicht um ein einzelnes Problem, sondern um einen Problembereich.			
C	Zur Bearbeitung des Problems findet sich eine regional zusammengesetzte Gruppe.			
D	Die Gruppe findet sich unverfasst, das heißt, ihr Zusammenkommen basiert nicht auf einer vorher gefassten politischen (Willens-)Entscheidung.			
E	Mitglieder der Gruppe gehören in die regionale Verwaltung (Angestellte, Repräsentanten, Landkreis).			
F	Mitglieder der Gruppe gehören unterschiedlichen lokalen Verwaltungen an (Angestellte, Kommunen).			
G	Mitglieder der Gruppe gehören wirtschaftlichen Organisationen mit direktem Bezug in die Region an.			
H	Mitglieder der Gruppe gehören gesellschaftlichen Organisationen der Region an.			
I	Mitglieder gehören der Gruppe aus thematischem Interesse an.			
J	Mitglieder der Gruppe sind persönlich von der Problematik betroffen.			
K	Mitglieder der Gruppe sind aktiv oder passiv „Verursacher" der Problematik, aufgrund derer sich die Gruppe findet.			
L	In der Zusammensetzung der Gruppe besteht ein ausgewogenes Verhältnis der Repräsentantengruppen (D–J).			
M	Unter den Mitgliedern besteht Einigkeit über einen gemeinsamen Regionsbezug.			
N	Es existieren keine statusbedingten hierarchischen Strukturen.			
O	Es existiert kein vorher feststehender Sitzungskodex.			
P	Die Gruppe trifft sich lösungsorientiert, aber ergebnisoffen.			
Q	Problemlösung geschieht über Argumentieren und Verhandeln.			
R	Die Gruppe ist grundsätzlich lernwillig.			
S	Die Mitglieder kooperieren freiwillig miteinander.			
T	Es besteht keinerlei Fraktionszwang.			
U	Mitglieder können sich jederzeit aus der Kooperation zurückziehen.			

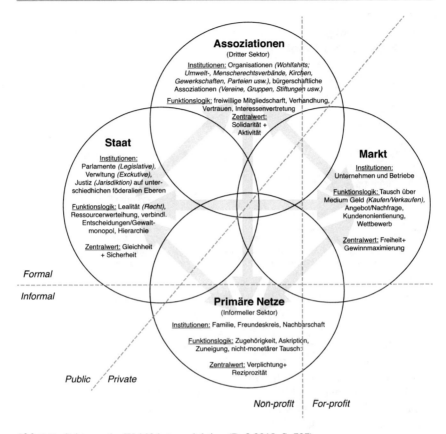

Abb 2.5   Sektoren der Wohlfahrtsproduktion (Roß 2018, S. 727)

im informellen Sektor sind es Familien und Gemeinschaften (Abb. 2.5). Die Sektoren haben unterschiedliche Koordinationsmittel. Staatliche Strukturen werden durch Recht und Hierarchie und der Markt durch Geld und Wettbewerb koordiniert, während der intermediäre Sektor durch Kommunikation und Freiwilligkeit und der informelle Sektor durch persönliche Beziehungen und Verpflichtungen koordiniert wird (vgl. Evers und Olk 1996). Die einzelnen Sektoren wirken in einem komplexen Arrangement zusammen und sind miteinander verzahnt. (Weitere Sichtweisen werden in Kap. 3 ausführlich erläutert.)

Institutionelle Governanceaspekte in der Sozialwirtschaft waren in den letzten beiden Dekaden stark mit dem Leitbild des aktivierenden Sozialstaates verbunden. Der Staat zog sich mehr und mehr auf seine Gewährleistungsfunktion zurück, pri-

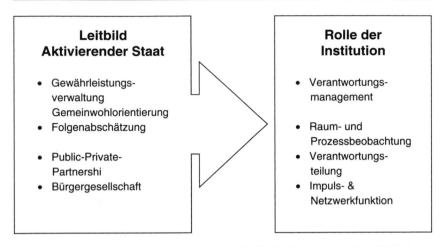

Abb. 2.6 Leitbild des aktivierenden Staates und Rolle der Institutionen http://slideplayer. org/slide/1279610/. Zugegriffen: 10.9.2021

vatgewerbliche Anbieter, freiwilliges bürgerschaftliches Engagement und der informelle Sektor wurden einbezogen, bspw. wurde auch die Mitwirkung von Familienangehörigen gefördert. Regulative Maßnahmen sollten durch kooperativ ausgerichtete Steuerungen, dirigistische Entscheidungen durch Moderationen von Veränderungsprozessen, ordnungspolitische Einzelvorschriften durch eine Orientierung an Grundwerten und die Ausdehnung staatlicher Einflussbereiche durch eine Selbstbeschränkung auf Schwerpunkte ersetzt werden.

Das Leitbild des aktivierenden Staates führt zu einer Veränderung der Rolle der Institutionen, wie im Schaubild (Abb. 2.6) gezeigt wird:

2.2.2 Governance und Verwaltung

Für Jann/Wegrich ist das Besondere der Verwendung des Konzeptes Governance im Kontext der öffentlichen Verwaltung, dass Veränderungstrends in Bezug auf die Rolle der öffentlichen Verwaltung analytisch erfasst und beschrieben werden und Erfordernisse und Ansätze einer Reform der Verwaltung begründet und mit theoretischen Konzepten unterlegt werden (Jann und Wegrich 2010, S. 175).

Sie weisen auf Veränderungen der Leitbilder der öffentlichen Verwaltung hin, wie in der folgenden Abbildung (2.7) skizziert:

Abb. 2.7 Veränderungen der Leitbilder der öffentlichen Verwaltung (in Anlehnung an Jann und Wegrich 2010, S. 177)

Für Jann/Wegrich ist Governance ein neuartiges Reformkonzept der Verwaltungs-politik und im Kontrast zu dem Modell des New Public Management zu verstehen. Der New-Public-Management-Ansatz ist effizienzorientiert. Es geht um Kundenori-entierung und Qualität. Zentrales Credo des New Public Management war, dass die klassische bürokratische Steuerung dysfunktionale Folgen zeitigt und deshalb das Konzept eines modernen betriebswirtschaftlichen Managements auf die öffentliche Verwaltung übertragen werden soll (Jann und Wegrich 2010, S. 183). Hierzu gehör-ten Motivation statt Alimentation (leistungsgerechte Bezahlung), Eigenverantwor-tung statt Hierarchie (dezentrale Ressourcenverantwortung), Resultate statt Regeln (Kontraktmanagement, Produktorientierung) und Kostenrechnung statt Kameralistik (Jann und Wegrich 2010, S. 183). Doch das, was versprochen wurde, konnte nur be-dingt eingelöst werden, u. a. auch deshalb, weil oftmals Managementkonzepte von der Bürokratie in bürokratische Strukturen umgewandelt wurden.

Der Governanceansatz hat einen anderen Kontext. Er ist beteiligungsorientiert. Es geht um bürgerschaftliches Engagement und darum, gesellschaftliche Akteure einzubinden, sie zu aktivieren und sie nicht länger von oben „top down" zu steuern und zu versorgen (Jann und Wegrich 2010, S. 184). Dies hat auch Auswirkungen auf staatliche Regelungsansätze.

2.2.3   Governance und Planung

In den 1960er- und 1970er-Jahren basierte die Planung auf der Vorstellung einer hierarchisch-etatistischen Gestaltung gesellschaftlicher Bereiche von oben durch die Politik mit der Ministerialbürokratie als zentralem Gestaltungssubjekt. Doch die Ergebnisse waren ernüchternd. Die Planungen funktionierten nicht (Benz et al. 2007, S. 12). In Deutschland ging man zum Begriff Steuerung über. Unter Steuerung wird eine gezielte, gerichtete Handlungsweise verstanden, um nicht mehr funktionale Bereiche zu reformieren. Da der Steuerungsansatz große Akteure wie Verbände, Parteien, Verwaltungen etc. bevorzugt und einzelne Mitbürger unter Gesichtspunkten der Steuerbarkeit eher eine Behinderung sind, waren die Grenzen des Steuerungsansatzes schnell erreicht (Benz et al. 2007, 12 f.). Governance ist der Gegenbegriff zur hierarchischen Steuerung (Mayntz 2010, S. 38) und geht in Richtung Delegation ehemaliger staatlicher Regulierungen in den Selbstorganisationsbereich von Gesellschaft und Organisationen. Ein Beispiel ist die Hochschulpolitik, in der der Staat seine Detailregulierung durch Gesetze, Verordnungen und Erlasse zugunsten einer Zweckprogrammierung der Hochschulen durch Zielvereinbarungen verändert hat.

2.3   Third Order of Governance, Metaebene, Grundsätze einer Good Governance

In dritter Näherung werden im Sinne einer Metaperspektive die Grundsätze einer Good Governance benannt.

Die 1989 publizierte Afrikastudie der Weltbank gilt als Anfang der Good-Governance-Debatte. Sie kommt zu der Feststellung, dass Wirtschaftshilfen ihre Absicht verfehlen, wenn sie nicht im Rahmen gut wirkender öffentlicher Einrichtungen verwaltet und kontrolliert werden (Czada 2010, S. 201). Mittel der Entwicklungshilfe verrannen, weil die notwendigen Governance-Institutionen nicht bedacht wurden (Czada 2010, S. 203). In der Folge wurden Kriterien einer „Good Governance" entwickelt. Hierzu gehören die effiziente Ausformung der öffentlichen Verwaltung, die Einbeziehung relevanter gesellschaftlicher Gruppen und Minderheiten in die Entscheidungsfindung, die Eindämmung von Korruption und Vetternwirtschaft und die Errichtung rechtsstaatlicher und transparenter Beziehungen zwischen öffentlichem und privatem Sektor (Springer Gabler Verlag (Herausgeber), Gabler Wirtschaftslexikon, Stichwort: Good Governance, online im Internet: 35/Archiv/127685/good-governance-v4.html).

Grundsätze einer Good Governance wurden auch in den entwickelten Industrieländern eingefordert, wie z. B in den Governanceprinzipien der OECD (1995):

- Respect for the rule of law;
- openness, transparency and accountability to democratic institutions;
- fairness and equity in dealings with citizens, including mechanisms for consultation and participation;
- efficient, effective services;
- clear, transparent and applicable laws and regulations;
- consistency and coherence in policy formation;
- and high standards of ethical behaviour;

(Quelle: http://www.olev.de/g/good_gov.htm)
oder in den fünf Grundsätzen des „Guten Regierens" der EU-Kommission:

- **„Offenheit.** Die Organe sollten offener arbeiten und gemeinsam mit den Mitgliedstaaten erklären, was die EU tut und wie Entscheidungen zustande kommen. Sie sollten eine Sprache verwenden, die jedermann verstehen kann. Offenheit ist deshalb so wichtig, weil sie helfen kann, das Vertrauen in komplexe Institutionen zu stärken.
- **Partizipation.** Wie gut, sachgemäß und wirksam die Politik der Union ist, hängt davon ab, inwieweit die Akteure in den Politikgestaltungsprozess – von der Konzipierung bis hin zur Durchführung – einbezogen werden. Verstärkte Teilhabe bewirkt größeres Vertrauen in das Endergebnis und die Politik der Institutionen. In welchem Umfang die Einbindung erfolgt, hängt ganz entscheidend davon ab, ob die zentralen Regierungsebenen in den Mitgliedstaaten bei der Entwicklung und Durchführung ihrer Politik nach einem „einschließenden" Konzept vorgehen.
- **Verantwortlichkeit.** Die Rollenverteilung bei Gesetzgebung und Durchführung muss klarer sein. Jede Institution der EU muss den Bürgern erklären, was sie in Europa tut, und dafür die Verantwortung übernehmen. Diese größere Klarheit und Zurechenbarkeit gilt auch für die Mitgliedstaaten und all jene, die, auf welcher Ebene auch immer, an der Entwicklung und Durchführung der EU-Politik mitwirken.
- **Effektivität.** Die Politik der EU muss wirksam sein, zur richtigen Zeit kommen und auf der Grundlage von klaren Zielen, Folgenabschätzungen und gegebenenfalls Erfahrungswerten das Nötige vorsehen. Die Wirksamkeit bestimmt sich auch danach, ob die Politik in einer Weise durchgeführt wird, die im Ver-

hältnis zu ihren Zielen angemessen ist, und ob die Entscheidungen auf der geeigneten Ebene ergriffen werden.

- **Kohärenz.** Politik und konkretes Handeln müssen kohärent und leicht nachvollziehbar sein. Der Bedarf an Kohärenz in der Union wächst: Es gilt immer mehr
Aufgaben zu bewältigen. Die Ost-Erweiterung wird die Vielfalt noch vergrößern.
Herausforderungen wie Klimawandel und Bevölkerungsentwicklung machen
nicht an den Grenzen der sektoralen Politiken halt, auf denen die Union beruht,
die regionalen und lokalen Körperschaften werden immer stärker in die Politik
der EU eingebunden. Kohärenz erfordert politische Führung und eine starke Verantwortlichkeit der Organe, damit innerhalb des komplexen Systems ein in sich
schlüssiger Ansatz zum Tragen kommt." (EU-Kommission, Weißbuch 2001, 13 f.)

Die Good-Governance-Grundsätze entsprechen den Anforderungen einer komplexen Gesellschaft und bieten auch für die Sozialwirtschaft einen normativen
Rahmen, der auf der Mesoebene der „Kooperationen" weiter ausgestaltet wird,
womit zum nächsten Kapitel übergeleitet wird.

2.4   Kontrollfragen zu Kap. 2

2.1 Was ist unter „First-Order-Governance" zu verstehen?
2.2 Erläutern Sie an einem Beispiel die „Local Governance".
2.3 Was ist unter „Regional Governance" zu verstehen?
2.4 Was ist unter „Second-Order-Governance" zu verstehen?
2.5 Was verstehen Sie unter einem Wohlfahrtsmix?
2.6 Was kennzeichnet den „aktivierenden Sozialstaat"?
2.7 Welche Veränderungen in der öffentlichen Verwaltung sind zu konstatieren?
2.8 Wie kann Governance vom New Public Management abgegrenzt werden?
2.9 Welche Bedeutung hat Governance im Feld der staatlichen Planung?
2.10 Was ist unter „Third-Order-Governance" zu verstehen?
2.11 Was sind die Ursprünge des „Good-Governance-Ansatzes"?
2.12 Wie kann „Good Governance" gewährleistet werden?

Literatur

Arnig, N. (2008). Im Namen des Bürgers. *Frankfurter Rundschau*, 21.04.2008.
Benz, A. (Hrsg.) (2004). Governance – Regieren in komplexen Regelsystemen. 1. Aufl.
    Wiesbaden: VS Verlag für Sozialwissenschaften.

Benz, A., Lütz, S., Schimank, U., & Simonis, G. (Hrsg.) (2007). Handbuch Governance. Wiesbaden: VS Verlag für Sozialwissenschaften.

Bougmil, J., & Holtkamp, L. (2004). Local Governance und gesellschaftliche Integration. In: Lange, S. & Schimank, U. (Hrsg.), *Governance und gesellschaftliche Integration* (S. 147–166). Wiesbaden: VS Verlag für Sozialwissenschaften.

Bundesinstitut für Bau-, Stadt- und Raumforschung (BBSR) im Bundesamt für Bauwesen und Raumordnung (BBR) (Hrsg.): Studie Lokale Ökonomie BIWAQ. ESF-Bundesprogramm „Bildung, Wirtschaft, Arbeit im Quartier – BIWAQ" – Projektabschlussbericht. Download. Bonn, Dezember 2020.

Bundesministerium des Innern, für Bau und Heimat (BMI) (2019). 20 Jahre integrierte Quartiersentwicklung. Die Soziale Stadt. https://www.bmi.bund.de/SharedDocs/downloads/DE/publikationen/themen/bauen/wohnen/20-jahre-soziale-stadt.pdf?__blob=publicationFile&v=3. Zugegriffen: 10.9.2021

Bundesministerium des Innern, für Bau und Heimat (BMI) (2021): Soziale Stadt, www.staedtebaufoerderung.info/StBauF/DE/Programm/SozialeStadt/soziale_stadt_node.html. Zugegriffen: 10.9.2021

Bundesministerium des Innern, für Bau und Heimat (BMI) (2019), Soziale Stadt. Das Programm der Städtebauförderung für benachteiligte Stadt- und Ortsteile, www.sozialestadt.de.

Czada, R. (2010). Good Governance als Leitkonzept für Regierungshandeln: Grundlagen, Anwendungen, Kritik. In Benz, A. & Dose, N. (Hrsg.), *Governance – Regieren in komplexen Regelsystemen*. 2., aktualisierte und veränderte Aufl. Wiesbaden: VS Verlag für Sozialwissenschaften.

Europäische Kommission (2001). Europäisches Regieren, Weißbuch, Amt für amtliche Veröffentlichungen der Europäischen Gemeinschaften. Luxemburg.

Evers, A., & Olk, T. (1996). Wohlfahrtspluralismus. Analytische und normativ-politische Dimensionen eines Leitbegriffs. In Evers, A. & Olk, T. (Hrsg.), *Wohlfahrtspluralismus. Vom Wohlfahrtsstaat zur Wohlfahrtsgesellschaft* (S. 9–62). Opladen: Westdeutscher Verlag.

Fürst, D. (2007). Regional Governance. In Benz, A., Lütz, S., Schimank, U., & Simonis, G. (Hrsg.), *Handbuch Governance* (S. 353–650). Wiesbaden: VS Verlag für Sozialwissenschaften.

Fürst, D., (2004). Regional Governance. In Benz, A. (Hrsg.), *Governance – Regieren in komplexen Regelsystemen* (S. 45–64). 1. Aufl. Wiesbaden: VS Verlag für Sozialwissenschaften.

Greca, R. (2005). Lokale Governance im Zeitalter der Globalisierung – ein neuer Mythos? In Kolhoff, L., Beck, R. Engelhardt, H. D., Hege, M. & Sandmann, J. (Hrsg.), *Zwischen Ökonomie und sozialer Verantwortung* (S. 50–82). Augsburg: Ziel.

Häußermann, H., Walther, U.-J. (2018). Soziale Stadt, In: ARL – Akademie für Raumforschung und Landesplanung (Ed.): *Handwörterbuch der Stadt- und Raumentwicklung*, ISBN 978-3-88838-559-9, ARL – Akademie für Raumforschung und Landesplanung, Hannover, S. 2197–2206, http://nbn-resolving.de/urn:nbn:de:0156-55992035. Zugegriffen: 10.9.2021

Jann, W., & Wegrich, K. (2010). Governance und Verwaltungspolitik: Leitbilder und Reformkonzepte. In Benz, A. & Dose, N. (Hrsg.), *Governance – Regieren in komplexen*

Regelsystemen (S. 175–200). 2., aktualisierte und veränderte Auflage. Wiesbaden: VS Verlag für Sozialwissenschaften.

Kooiman, J. (2003). Governing as Governance, London, Thousands Oaks, New Delhi: Sage Publications Ltd.

Mayntz, R. (2010). Governance im modernen Staat. In A. Benz, & N. Dose (Hrsg.), *Governance – Regieren in komplexen Regelsystemen* (S. 37–48). 2., aktualisierte und veränderte Auflage. Wiesbaden: VS Verlag für Sozialwissenschaften.

Rakebrandt, D. (2006). Regional Governance in der Jugendarbeit dargestellt am Beispiel der Region Verden, nicht veröffentlichte Masterarbeit an der FH Braunschweig/Wolfenbüttel, Masterstudiengang Sozialmanagement.

Roß, P.S., (2018). Governance. In Grunwald, K., Langer, A. (Hrsg.), *Sozialwirtschaft. Handbuch für Wissenschaft und Praxis* (S. 726–738). Baden-Baden: Nomos.

Mesoebene: „Cooperation"

3

Zusammenfassung

Während auf der Makroebene die Schnittstelle von Staat und Gesellschaft betrachtet wurde, wird nun auf der Mesoebene der Fokus auf sozialwirtschaftliche Unternehmen und ihre Bezüge zur Umwelt gelegt. Governance-Strukturen im Innenverhältnis werden im Kontext der Corporate Governance Diskussion und im Außenverhältnis im Zuge von Netzwerken und Kooperationen lokalisiert.

Lernziele

Im folgenden Kapitel lernen Sie ausgehend vom Modell des Prinzipal-Agent-Konflikts Corporate-Governance-Strukturen im Innenverhältnis und Strukturen der Zusammenarbeit in sozialräumlichen Netzwerken im Außenverhältnis sozialwirtschaftlicher Unternehmen kennen. Es wird verdeutlicht, dass adäquate Strukturen geschaffen werden müssen, um Kooperationen zu ermöglichen.

3.1 Im Innenverhältnis: Corporate Governance

Bei der Corporate Governance geht es um die „Strukturen, Regeln und Praktiken der Steuerung und Kontrolle von Unternehmen" (Eberle 2010, S. 155). Der Ansatz entstand in den 1990er-Jahren in Großbritannien. Hier gab es eine Welle von Unternehmenszusammenbrüchen, die auf Prinzipal-Agent-Konflikte, d. h. auf Interessenkonflikte zwischen Managern (Agenten) und Eigentümern (Prinzipale), und mangelnde Aufsicht zurückgeführt wurden. Da in vielen Unternehmen Eigentum

© Springer Fachmedien Wiesbaden GmbH, ein Teil von Springer Nature 2022
L. Kolhoff, *Governance in der Sozialwirtschaft*, Basiswissen Sozialwirtschaft und Sozialmanagement,
https://doi.org/10.1007/978-3-658-27295-1_3

und Verfügungsmacht auseinanderfallen, stellt sich das Governanceproblem wie folgt dar: Wie können Eigentümer des Unternehmens (Prinzipale) verhindern, dass Manager (Agenten) abweichend eigene Interessen verfolgen statt die Interessen der Eigentümer (Prinzipale)?

In Deutschland wurde Corporate Governance in den 2000er-Jahren, durch das Einsetzen der Regierungskommission Corporate Governance, zu einem aktuellen Thema. Der 2002 verabschiedete Deutsche Corporate Governance Kodex soll bei Es heißt börsennotierten Aktiengesellschaften das Vertrauen in die Unternehmensführung stärken. Themenstellungen sind Rolle und Funktion des Vorstandes, Rolle und Funktion des Aufsichtsrates, Zusammenwirken von Vorstand und Aufsichtsrat, Regelung zur Transparenz, zur Rechnungslegung und Abschlussprüfung. Während sich in den angelsächsischen Ländern die Corporate-Governance-Diskussion auf den Interessenkonflikt zwischen Managern (Agenten) und Eigentümern (Prinzipale) konzentriert und Mechanismen gesucht werden, die sicherstellen, dass das Unternehmen im Interesse der Aktionäre geführt wird, wird in der deutschen Diskussion der Kontext um Stakeholder wie die Arbeitnehmer erweitert. Beispiele hierfür sind Gremien wie Aufsichtsräte von Großunternehmen, in denen die Gewerkschaften vertreten sind.

VW-Diesel-Skandal
Doch trotz dieser Regelungen werden Grenzen erreicht, wie z. B. der VW-Diesel-Skandal gezeigt hat. „Dieser Riesenkonzern ist ein Lehrbuchbeispiel für einen vollkommen personen- beziehungsweise eignerkonzentrierten monokratischen Führungsstil, dessen Funktionieren nur auf der Macht weniger basiert" (Handelsblatt vom 13.10.2015).

Die Corporate-Governance-Diskussion strahlt auch auf den Non-Profit-Sektor aus. So ist die Regierungskommission Corporate Governance der Auffassung, dass Diskussionsbedarf „vor allem hinsichtlich solcher Vereine besteht, die steuerliche Privilegien in Anspruch nehmen, Spenden einsammeln oder als Idealvereine im Rahmen des so genannten Nebenzweckprivilegs als Wirtschaftsunternehmen tätig sind" (Baums 2001, S. 6).

Auch in Non-Profit-Organisationen gibt es Prinzipal-Agent-Konflikte. So können z. B. beim Verein die Mitglieder und der Vorstand als Prinzipale und die Geschäftsführung als Agent angesehen werden, deren Interessen sich unterscheiden und die oftmals durch die angewendeten Strukturen nicht sichtbar gemacht werden (Beck 2010), denn in vielen Vereinen machen ehrenamtliche Vorstände oftmals beides – Geschäftsführung und Aufsicht –, sodass eine Gemengelage vorliegt, die einer effektiven wirtschaftlichen Aufsicht entgegensteht (Bangert 2010, S. 208). Deshalb geht es darum, Rollen zu klären und neben dem Vorstand oder der Geschäftsführung ein Aufsichtsgremium zu installieren, das in der Lage ist, eine effektive wirtschaftliche Aufsicht und Kontrolle auszuüben (Bachert 2006, S. 15). Schuhen formuliert 5 Anforderungsbereiche an Aufsichtsorgane:

1. Unabhängigkeit, Eigenständigkeit und Transparenz. Er fordert ein duales Führungssystem, das heißt eine Trennung von operativer Leitung, Vorstand, Geschäftsführung und Aufsicht. Die Aufsichtsfunktion soll ehrenamtlich wahrgenommen werden mit angemessener Aufwandsentschädigung. Das Aufsichtsorgan sorgt für die notwendige Transparenz, überwacht die Einhaltung der Satzung, die Erfüllung gesellschaftlicher gesetzlicher Normen etc.
2. Zusammenarbeit mit dem operativen Management. Die strategische Ausrichtung wird zwischen Aufsichtsgremium und dem Management abgestimmt. Das Aufsichtsgremium regelt die Vertragsangelegenheiten des operativen Managements und ist zuständig für dessen Aufgabenbeschreibung.
3. Größe, Repräsentanz und Diversität. Das Aufsichtsorgan sollte aus mindestens zwei, besser aus mehr Personen bestehen. Die Mitglieder sollten über multiprofessionelle Qualifikationen verfügen. Angehörige Betroffener können nur dann Mitglieder werden, wenn es keine direkte Interessenkollision gibt. Die Mitglieder sollen die Anspruchsgruppen im Sinne einer Sozial-Anwaltsfunktion vertreten können. Das Gremium sollte bezogen auf Alter und Geschlecht heterogen zusammengesetzt sein.
4. Selbstorganisation, Selbstkontrolle und notwendige Ressourcen. Gefordert werden eine Sitzungshäufigkeit von mindestens zweimal pro Jahr und Zeitfenster für strategische Planungen. Das Aufsichtsamt sollte zeitlich befristet sein, mit der Möglichkeit zur Wiederwahl.
5. Einsatz geeigneter Instrumente der Aufsicht. Es sollte geeignete Instrumente geben (Risikomanagement, Qualitätsmanagement und Kennzahlensysteme etc.). (Schuhen 2014, 525 f.)

Ein wesentliches Corporate-Governance-Merkmal ist die Unabhängigkeit des Aufsichtsgremiums. Ausschlusskriterien für die Mitarbeit in einem Aufsichtsgremium wären:

- Mitglied des Vorstandes oder der Geschäftsführung,
- verwandtschaftliche Beziehungen zu Mitgliedern des Vorstandes oder der Geschäftsführung,
- Personen, die beim Wirtschaftsprüfer beschäftigt sind,

- Personen, die in einer Wettbewerbsbeziehung zu dem Träger stehen.

Betroffene Personen, die in einer geschäftlichen Beziehung zum Träger stehen, sollten nur bei Nichtvorliegen von Interessenkollisionen aufgenommen werden (Bangert 2010, S. 208).

Neben den Anforderungen an Aufsicht und Leitung sind auch die Besonderheiten sozialer Einrichtungen zu beachten, wie am Beispiel der Eingliederungshilfe gezeigt wird:

- Besonderheiten sind die Zusammenarbeit von ehrenamtlichen und hauptamtlichen Führungskräften,
- die Beteiligung von Menschen mit (geistiger) Behinderung,
- mit Eltern und anderen Angehörigen in den Entscheidungsgremien,
- die prinzipielle Unentgeltlichkeit der ehrenamtlichen Arbeit,
- die Mitgliedschaft von Mitarbeitern im Verein,
- die Rollen von Eltern als Arbeitgeber und Kunde etc. (Auer 2010, S. 211)

Der Corporate Governance Kodex der Lebenshilfe nimmt diese Besonderheiten auf.

Der Corporate Governance Kodex der Lebenshilfe
Unabhängig von der rechtlichen Ausgestaltung der Lebenshilfe als gemeinnütziger Verein oder als Unternehmen des privaten Rechts, wird es in der Regel eine hauptamtliche Geschäftsführung geben. Sie wird vom Vorstand eingesetzt und nimmt Aufgaben für den Verein wahr. Der Vereinsvorstand ist Führungsorgan und übt Aufsicht über die Geschäftsführung aus. Es ist daher zu prüfen, ob es zusätzlich zur Mitgliederversammlung ein von ihr gewähltes oder bestimmtes Aufsichtsgremium geben soll, welches die Aufsichtsfunktion über einen Vorstand ausübt, der satzungsgemäß oder nach Vereinsrecht die Geschäfte des Vereins führt. Dieses Gremium kann intensiver als die Mitgliederversammlung den Vorstand überwachen und in kürzeren Abständen als sie zusammenkommen.

2.1 Aufgaben und Zuständigkeiten der Mitgliederversammlung und des Aufsichtsgremiums
2.1.1 Die Mitgliederversammlung nimmt die in der Satzung vorgegebenen Aufgaben wahr.

2.1.2 Sie übt die Aufsicht über die Leitungsgremien (ehrenamtlicher Vorstand, ggf. hauptamtliche Geschäftsführung) aus oder bestimmt hierzu ein Aufsichtsgremium.

2.1.3 Sie beschließt über alle grundsätzlichen und richtungweisenden Maßnahmen, die nicht einem Aufsichtsgremium oder den Leitungsgremien zugewiesen sind.

2.2 Aufgaben und Zuständigkeiten des Vorstands und der Geschäftsführung sowie deren Zusammenwirken mit Mitgliederversammlung und Aufsichtsgremium

2.2.1 Aufsichtsgremium, Vereinsvorstand und Geschäftsführung wirken zum Wohle des Vereins eng zusammen. Sie sind dem Vereinsinteresse verpflichtet.

2.2.2 Der Vorstand ist zuständig für die strategische Ausrichtung des Vereins. Er arbeitet hierbei eng mit der Geschäftsführung und dem Aufsichtsgremium zusammen.

2.2.3 Der Vorstand ist ebenfalls zuständig für die Führung der Geschäfte, wobei die Geschäftsführung an eine hauptamtliche Geschäftsführung delegiert werden kann. Diese Konstellation liegt den weiteren Ausführungen zugrunde.

2.2.4 Die Geschäftsführung ist dann für die Führung der laufenden Geschäfte des Vereins mit seinen Einrichtungen und Diensten zuständig.

2.2.5 Die Zusammensetzung, Aufgaben- und Verantwortungsbereiche, Kompetenzen, Informations- und Berichtspflichten des Aufsichtsgremiums, des Vorstandes und der Geschäftsführung sind, soweit nicht in der Satzung vorgegeben, in Geschäftsordnungen zu regeln.

2.2.6 Alle Ebenen beachten die Regeln ordnungsgemäßer Unternehmens- bzw. Vereinsführung sowie von Delegation und Kontrolle und üben ihr Amt mit der gebotenen Sorgfalt aus.

2.2.7 Gute Vereinsführung setzt einen offenen und konstruktiven Austausch der Aufsichts- und Leitungsgremien untereinander voraus. Eine umfassende Vertraulichkeit der Mitglieder von Aufsichts- und Leitungsgremien und die Sicherstellung der Verschwiegenheit der vom Aufsichtsgremium, dem Vorstand und der Geschäftsführung eingeschalteten weiteren Personen sind hierfür von großer Bedeutung. Dies gilt ebenso für ein anerkennendes, respektvolles Miteinander von ehren- und hauptamtlich Tätigen in den Gremien. Die Wertschätzung ehren- und bürgerschaftlichen Engagements ist selbstverständlich.

2.2.8 Menschen mit Behinderung sowie Eltern und Angehörige sind Mitglieder in den Aufsichts- und Leitungsgremien und erhalten die zur Wahrnehmung ihrer Aufgaben notwendige Unterstützung.

2.2.9 Für eine ausreichende Versicherung der Mitglieder der Gremien ist Sorge zu tragen.

2.3 Vorstand

2.3.1 Bei der Zusammensetzung des Vorstandes ist anzustreben, dass die Mitglieder über möglichst unterschiedliche Qualifikationen verfügen sowie den inhaltlichen und zeitlichen Anforderungen an die Vorstandsarbeit entsprechen können. Anhaltspunkte liefern die Eckpunkte der Findungskommission, die im Anhang abgedruckt sind. Entsprechend der Geschichte und Identität der Lebenshilfe als Eltern- und Selbsthilfeverband ist bei der Zusammensetzung eine wirkungsvolle Vertretung dieser Gruppen wichtig.

2.3.2 Vorstände in der Lebenshilfe nehmen eine verantwortungsvolle Aufgabe wahr, müssen hierfür kompetent sein und werden entsprechend informiert und qualifiziert.

2.3.3 Ehrenamtliche Vorstände erhalten für ihre Tätigkeit keine Vergütung. Ein Ersatz ihrer Auslagen steht ihnen zu. Bei pauschalen Aufwandsentschädigungen sind Transparenz und ein entsprechender Beschluss durch die Mitgliederversammlung verpflichtend.

2.3.4 Bei Mitgliedschaft von Mitarbeiterinnen und Mitarbeitern der Lebenshilfe im Verein ist in der Satzung zu regeln, welche Einschränkungen gegebenenfalls für eine Ausübung des aktiven Wahlrechts gelten. Die Möglichkeit der Ausübung des passiven Wahlrechts wird wegen möglicher Interessenkonflikte nicht empfohlen.

2.3.5 Vorstandsmitglieder dürfen im Zusammenhang mit ihrer Tätigkeit weder für sich noch für andere Personen von Dritten Zuwendungen oder sonstige Vorteile fordern, versprechen lassen oder annehmen oder Dritten ungerechtfertigte Vorteile gewähren.

2.3.6 Vorstandsmitglieder haben Interessenskonflikte zu vermeiden. Sofern sie dennoch bestehen, sind sie innerhalb des Vorstands und gegenüber Aufsichtsgremien offen zu legen. Dies gilt in besonderer Weise für Interessenskonflikte in Verhältnissen, die mit Finanzflüssen oder besonderen Abhängigkeiten verknüpft sind: Mit Kunden und Klienten, mit Lieferanten und Geschäftspartnern, Kredit- und Zuwendungsgebern, Leistungsträgern, Aufsichtsbehörden sowie in Arbeits- und Betreuungsverhältnissen.

2.3.7 Die Heranführung von Vereinsmitgliedern an die Vorstandsarbeit ist eine notwendige Tätigkeit des amtierenden Vorstands.

2.4 Geschäftsführung und Mitarbeitende

2.4.1 Die Tätigkeit der Geschäftsführung wird vom Vorstand in einer Stellenbeschreibung und/oder Geschäftsordnung festgelegt.

2.4.2 Hauptamtliche Geschäftsführungen erhalten für ihre Tätigkeit in der Lebenshilfe-Organisation eine Vergütung, welche dem Aufgaben- und Verantwortungsbereich, der Größe des Unternehmens, dem unternehmerischen Risiko und der Haftung angemessen ist und die bei GmbH-Geschäftsführungen die Tatsache eines erhöhten Arbeitsplatzrisikos berücksichtigt.

2.4.3 Die Ausübung von entgeltlichen und unentgeltlichen Nebentätigkeiten und ein Wettbewerbsverbot der Mitglieder der Geschäftsführung sind zu regeln.

2.4.4 Bezüglich einer Befreiung von den Beschränkungen des § 181 BGB (Selbstkontrahierungsverbot, In-Sich-Geschäfte) sind Regelungen – ggf. unter Berücksichtigung etwaiger Anforderungen von Zuwendungsgebern – zu treffen.

2.4.5 Geschäftsführungen und Mitarbeitende haben Interessenskonflikte zu vermeiden. Sofern sie dennoch bestehen, sind sie gegenüber Vorgesetzten oder Aufsichtsgremien offen zu legen. Dies gilt in besonderer Weise für Interessenkonflikte in Verhältnissen, die mit Finanzflüssen oder Abhängigkeiten verknüpft sind: Mit Kunden und Klienten, mit Lieferanten und Geschäftspartnern, Kredit- und Zuwendungsgebern, Leistungsträgern, Aufsichtsbehörden sowie in Arbeits- und Betreuungsverhältnissen.

2.4.6 Mitglieder der Geschäftsführung und Mitarbeitende dürfen im Zusammenhang mit ihrer Tätigkeit weder für sich noch für andere Personen von Dritten Zuwendungen oder sonstige Vorteile fordern, sich versprechen lassen oder annehmen oder Dritten ungerechtfertigte Vorteile gewähren.

2.5 Leitung und Überwachung

2.5.1 Vereine sind zu einem aussagekräftigen Buchhaltungssystem, einem transparenten Finanzmanagement, funktionierenden Steuerungs- und Prüfungsmechanismen und einem insgesamt nachhaltigen wirtschaftlichen und unternehmensethischen Geschäftsgebaren verpflichtet. Dies ist ihren Umsatz- und Investitionsvolumina entsprechend zu gestalten.

2.5.2 Steuerung und Kontrolle dienen den Lebenshilfevereinen dazu, sich der Wahrung ihrer Grundsätze und der Erreichung ihrer ideellen, materiellen und finanziellen Ziele zu vergewissern. Um zu steuern und zu kontrollieren, sollen sie klare Strukturen und Prozesse schaffen sowie Maßnahmen planvoll und nachhaltig ergreifen. Die regelmäßige, planvolle Erhebung von entsprechenden Zahlen und Daten ist die Grundlage, um das Handeln zu steuern, die Zielerreichung zu kontrollieren sowie ggf. Korrekturmaßnahmen zu ergreifen.

2.5.3 Es soll ein Berichts- und Dokumentationswesen im Verein bestehen, welches alle relevanten Informationen und Kommunikationswege sowie Berichtspflichten festlegt. Damit sind Aufsichts- und Leitungsgremien in der Lage, ihre Aufsichts-, Führungs- und Entscheidungsfunktionen umfassend und angemessen auszuüben.

2.5.4 Die gesetzlichen und behördlichen Vorgaben und Regelungen zur Gemeinnützigkeit und zum Spendenwesen sowie die Bestimmungen der Zuwendungsgeber zum Einsatz und Nachweis der Verwendung der zur Verfügung gestellten Mittel werden eingehalten.

2.5.5 Die Lebenshilfe-Organisation soll dem Umfang ihrer Geschäfte angemessen ein Risikomanagementsystem (Risikoanalyse, Risikobewältigung, Risikosteuerung) installieren, um eine höhere Transparenz über bestehende Risiken herbeizuführen und frühzeitig existenzgefährdende Entwicklungen zu erkennen.

2.5.6 Die Lebenshilfe hat es mit einer Vielzahl von Anspruchsgruppen zu tun, von denen die vorrangigen Menschen mit Behinderung, Eltern und Angehörige sowie Mitglieder des Vereins sind. Im Berichtswesen der Vereine müssen im Hinblick auf die Inhalte und die Darstellungsformen die spezifischen Bedürfnisse dieser einzelnen Gruppen berücksichtigt werden.

2.5.7 Mit Beschwerden von Mitgliedern, Eltern, Menschen mit Behinderung, Mitarbeitenden und Kunden geht die Lebenshilfe offen und konstruktiv um. Die Regelungen zu einem Beschwerdemanagement werden von Vorstand und Geschäftsführung gemeinsam festgelegt

2.6 Rechnungslegung und Prüfungen

2.6.1 Der Verein erstellt einen ordnungsgemäßen Jahresabschluss.

2.6.2 Der Verein soll einen Lagebericht erstellen. Dieser kann, ebenso wie die Ordnungsmäßigkeit der Wirtschafts- und Geschäftsführung, Gegenstand der Prüfung durch den unabhängigen Abschlussprüfer sein.

2.6.3 Das Aufsichtsgremium oder der Vorstand beschließen über die Beauftragung eines unabhängigen Abschlussprüfers und über den Prüfungsumfang, Schwerpunkte oder Sonderprüfungsgegenstände. Der Prüfer berichtet dem Vorstand und dem Aufsichtsgremium über die wesentlichen Ergebnisse der Prüfung und besondere Vorkommnisse.

2.6.4 Der Verein soll gegenüber der Mitgliederversammlung erläutern, ob und inwieweit er den Corporate Governance Kodex anwendet, und bei Abweichungen von Regelungen des Kodex diese begründen.

(Quelle: Corporate Governance Kodex Gute Unternehmensführung in der Lebenshilfe. Eine Empfehlung der Bundesvereinigung Lebenshilfe für Menschen mit
geistiger Behinderung e.V. für ihre Mitgliedsorganisationen, Stand: Sommer 2012,
Quelle: https://www.lebenshilfe.de/de/ueber-uns/aufgaben-und-ziele/Dateien/06-
Corporate-Governance-Kodex-Lebenshilfe.php?listLink=1.)

Im Non-Profit-Sektor steht nicht die Gewinnmaximierung im Vordergrund, ob-
wohl der Wettbewerbsdruck zugenommen hat und wirtschaftliche Aspekte immer
mehr an Bedeutung gewinnen. Nicht die Anteilseigner, sondern Beitragszahler und
Steuerzahler tragen das unternehmerische Risiko. Somit unterscheiden sich die
Prinzipal-Agent-Konflikte von denen in der Erwerbswirtschaft und neben den internen sind auch die Interessen der externen Stakeholder, wie Klienten, Angehörige, Kapitalgeber, Kostenträger, Spender, Handelnde im politischen Umfeld, andere Träger, Partnerunternehmen und Aufsichtsbehörden, zu beachten (Bangert
2010, S. 207). Aufgabe der Corporate Governance in NPOs ist es, sicherzustellen,
dass die Ziele der wichtigsten Stakeholder in der Organisation darstellbar sind
(Siebart 2006, S. 243). Deshalb ist es von großer Bedeutung, die relevanten Stakeholder einschätzen zu können. Je nach Einflussmöglichkeiten und Bedeutung für
das Handeln der eigenen Unternehmung kann man ihren Einfluss analog zu Mitchell, Agle und Wood (1997, in Theuvsen 2001, S. 10) anhand der Kriterien Macht,
Dringlichkeit und Legitimität kategorisieren und beurteilen. Besitzen Stakeholder
Macht, können sie sich in Situationen, die durch Interessengegensätze gekennzeichnet sind, gut durchsetzen (Theuvsen 2001, 7 ff.). Handlungen, die innerhalb
eines sozialen Systems als angemessen angesehen werden, gelten als legitim und
können somit dem Bereich der Legitimität zugeordnet werden. Dringlichkeit wiederum erhalten Forderungen von Stakeholdern, mit denen sich die Corporate Governance auseinandersetzen muss. Dem gegenüber stehen Ansprüche von Stakeholdern, die zu vernachlässigen sind, weil sie Prozesse nicht beeinflussen können
(Theuvsen 2001, S. 11).

Je nach Kombination der Kriterien werden 7 Typen unterschieden:

Ruhende Stakeholder:	Sie verfügen über Macht, bringen keine dringlichen Ansprüche vor und wären auch nicht legitimiert dazu.
Vernachlässigbare Stakeholder:	Sie verfügen über Legitimität, haben aber weder Macht noch dringende Anliegen.
Fordernde Stakeholder:	Sie bringen lautstark ihre Anliegen vor, sind dazu aber weder legitimiert noch besitzen sie Macht, um ihre Interessen durchzusetzen.

Dominante Stakeholder:	Sie verfügen über Macht und Legitimität, sehen jedoch keinen Grund darin, ihre Anliegen vorzubringen, solange „business as usual" (Theuvsen 2001, S. 11) herrscht.
Gefährliche Stakeholder:	Sie verfolgen eigene Anliegen mit Nachdruck und verfügen über die Macht, diese durchzusetzen.
Abhängige Stakeholder:	Sie bringen legitime und dringende Forderungen vor, besitzen aber nicht die Macht, ihre Anliegen gegen den Willen anderer durchzusetzen.
Definitive Stakeholder:	Sie besitzen die Macht, ihre legitimen Interessen durchzusetzen. Ihre Belange haben eine hohe Dringlichkeit.

Ampelfarben sollen die Bedeutung der Stakeholder signalisieren (Abb. 3.1).

Die Stakeholder-Analyse ist eine Momentaufnahme und die Stakeholder können im Laufe der Zeit auch andere Rollen einnehmen. Daher ist eine regelmäßige Stakeholder-Analyse hilfreich, um unterschiedliche Erwartungen wahrzunehmen und berücksichtigen zu können.

Um die relevanten Stakeholder einbinden zu können, müssen sozialwirtschaftliche Organisationen im Außenverhältnis in sozialräumlichen Governancestrukturen in Netzwerken mit staatlichen, wirtschaftlichen, assoziativen und informellen Akteuren agieren.

3.2   Im Außenverhältnis: Netzwerke und Kooperationen im Sozialraum

3.2.1   Netzwerke

Netzwerke im Sinne einer kooperativen Koordinierung können als Governanceform betrachtet werden (Wald und Jansen 2007).

Netzwerke lassen sich in natürliche und künstliche Netze oder in primäre, sekundäre und tertiäre Netzwerke (Abb. 3.2) unterscheiden (Bullinger und Nowak 1998).

In primäre Netzwerke wird man hineingeboren oder man wählt sie. Es geht um persönliche Beziehungen von Menschen zu anderen Menschen. Beispiele sind Familien, Freundschaften oder Nachbarschaften. In sekundäre Netzwerke wird man

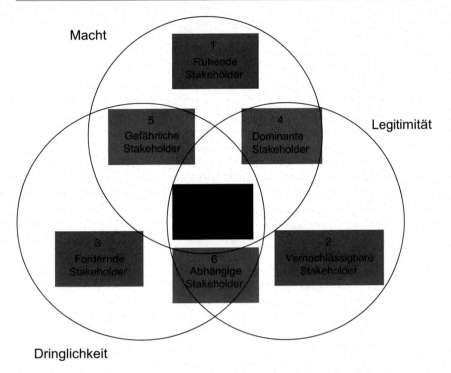

Abb. 3.1   Stakeholder-Typologie (nach Mitchell et al. 1997, in: Theuvsen 2001, S. 10)

Primäre Netzwerke	sind nicht organisiert (.z.B. Familie, Verwandte, FreundInnen, enge private kollegiale Beziehungen)
Sekundäre Netzwerke	sind entweder gering organisiert (Selbsthilfekreise, Nachbarschaftszentren) oder stark organisiert wie Vereine und Organisationen. Primäre und sekundäre Netzwerke gehören zu den natürlichen Netzwerken.
Die tertiären Netzwerke	sind künstliche Netzwerke. Hierzu gehört der gemeinnützige dritte Sektor, und es gehören die Märkte dazu. (Industrie, der Handel etc.)

Abb. 3.2   Netzwerke (Florian 2008, S. 37)

hineinsozialisiert. Beispiele sind Kindergärten, Schulen, Hochschulen etc., aber
auch Selbsthilfekreise und Nachbarschaftszentren. Primäre und sekundäre Netzwerke gehören zu den natürlichen Netzwerken. Sie fördern soziale Beziehungen
und soziales Kapital auf der individuellen Ebene und funktionieren nach dem Prinzip des Austauschs von Leistungen. Die tertiären Netzwerke sind künstliche Netzwerke, die mit professionellen Ressourcen ausgestattet werden. Es handelt sich um
Kooperationen, die durch interinstitutionelle Beziehungen geprägt sind.

Um Netzwerke zu analysieren, gilt es in einem ersten Schritt die wichtigsten
Akteure (Träger, Ansprechpartner, Angebote und mögliche Kooperationen) zu erfassen und in einem zweiten Schritt die Beziehungen zwischen den Akteuren zu
analysieren, wie an einem Beispiel aus dem Braunschweiger Projekt „Stadtteil in
der Schule" (Kolhoff und Gebhardt 2016) gezeigt wird (Abb. 3.3 und Abb. 3.4).

1. Zentrale Akteure im Sozialraum der Grundschule Altmühlstraße

	Akteur
	▆▆▆▆
	Grundschule Altmühlstraße
1	Realschule LebenLernen
2	Grundschule Ilmenaustraße
3	Freie Waldorfschule
	Kindertagesstätten:
4	Ev. KITA Arche Noah
5	Ev. KITA Mittenmank
6	**Caritas Kindertagesstätte St. Maximilian Kolbe**
7	**AWO-Kinder-und Familienzentrum Muldeweg**
8	**AWO-Kindertagesstätte**
9	Walldorfkindergarten
10	DRK Krippe
11	Till macht Bimbambule
	▆▆▆▆▆
12	Le@rn & Live Braunschweig-West e.V.
	Kultur-und Freizeiteinrichtungen:
13	**Kinder-und Teeny-Klub Weiße Rose**
14	Kulturpunkt West
	(Gemeinschaftshaus)

Abb. 3.3 Zentrale Akteure im Sozialraum der Grundschule Altmühlstraße (Marschik 2016,
234 ff.)

15	Haus der Talente
	▬▬▬▬▬▬:
16	Koronar-Sportverein Braunschweig eV
17	Schützenverein Belfort 1896 e.V.
18	SC Victoria Braunschweig e.V.
19	HC Braunschweig e.V.
20	Kleingartenvereine
	Begegnungsstätten:
21	Treffpunkt Saalestr.
22	Treffpunkt Am Queckenberg
23	Begegnungsstätte
24	Haus der Begegnung
	Kirchen/Glaubensgemeinschaften:
25	Baptistengemeinde
26	Emmaus-Gemeinde
27	St. Cyriakus
	(Wohlfahrts)Verbände:
28	DRK
29	Johanniter
30	THW
	Wohnungsbau-gesellschaften:
31	Wiederaufbau eG
	Senioren (stationäre Einrichtungen):
32	Ambet
33	Seniorenzentrum Muldeweg
	Akteure außerhalb des Sozialraums:
A	BBG eG
B	Nibelungen Wohnbau GmbH
C	Caritas Verband Braunschweig
D	Ev. Kita Ahrplatz
E	AWO Braunschweig
F	Mit-Uns-Gemeinde
	Netzwerke auf Stadtteilebene:
I	Bürgerverein Weststadt e.V.
II	Weststadtplenum für Kinder und Jugendliche
III	AGeWe

Abb. 3.3 (Fortsetzung)

2. Darstellung der Vernetzung

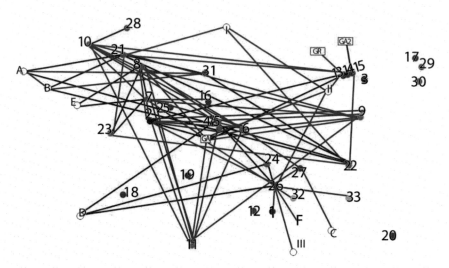

Abb. 3.4 Trägerstrukturen, Kooperationen und Netzwerke – Sozialraum Grundschule Altmühlstraße (gleiche Trägerschaft: rot; Kooperation/Vernetzung: blau) (Marschik 2016, S. 56)

Netzwerke sollten nicht nur visualisiert, sondern auch weiter analysiert werden.
Hierfür ist der Ansatz von Vester hilfreich (Vester 1993).
Arbeitsauftrag 3.1:

1. Nehmen Sie ein großes Wandplakat und das nötige Arbeitsmaterial.
2. Formulieren Sie Ihr Problem als Frage oder These. Schreiben Sie diese als
   Überschrift auf das Wandplakat.
3. Bestimmen Sie (evtl. zuerst auf Karten) eine Reihe von Elementen (Größen,
   Faktoren, Bereiche, Variablen), die bei Ihrem Problem eine Rolle spielen. Denken Sie dabei auch an Faktoren, die bei diesem Problem oft nicht berücksichtigt
   werden (z. B. bei sozialen Problemen technische Faktoren, bei technischen Problemen menschliche Faktoren etc.). Haben Sie zu viele Faktoren gefunden, als
   dass Sie sie in der gegebenen Zeit bearbeiten können, wählen Sie die Ihnen am
   wichtigsten erscheinenden aus.
4. Schreiben Sie auf die linke Seite Ihres Wandplakates die gefundenen Elemente
   in Kreise, die in beliebiger Reihenfolge zu einem Feld geordnet sind (Abb. 3.5).

Abb. 3.5 Darstellung von
Netzwerkelementen

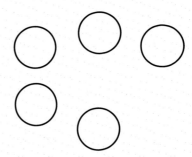

5. Überprüfen Sie für jedes einzelne Element, ob es in irgendeiner Weise auf jedes andere Element einen Einfluss ausübt. Zeichnen Sie für jeden gefundenen Einfluss einen Pfeil von dem beeinflussenden zum beeinflussten Element. (Bei beiderseitiger Beeinflussung keinen Doppelpfeil.

Doppelpfeil ⬌

sondern zwei Pfeile ⬅ ➡

   Jetzt haben Sie einen Hinweis darauf, ob es sich bei Ihrem Problem um ein Netz (System) handelt, und, falls ja, einen ersten Überblick über die Vernetzungen und Wechselwirkungen der Problembereiche.

6. Zeichnen Sie rechts neben die Vernetzung ein Auswertungsschema (s. Punkt 12). Nehmen Sie dabei mindestens so viele Zeilen und Spalten (Großbuchstaben), wie Sie Elemente gefunden haben.
7. Tragen Sie in die Spalte „Wirkung von" (ganz links außen) in beliebiger Reihenfolge Ihre Elemente untereinander ein (Vester 1993, S. 143).
8. Füllen Sie jetzt in dem von den Großbuchstaben eingerahmten Feld alle leeren Kästchen aus, indem Sie die einzelnen Wechselwirkungen bewerten: Schätzen Sie für jedes Element ab, wie stark es die anderen Elemente beeinflusst. Dafür tragen Sie die Zahlen 0 bis 3 ein.

- 0 = keine Einwirkung
- 1 = schwache Einwirkung
- 2 = mittlere Einwirkung
- 3 = starke Einwirkung

9. Addieren Sie in jeder Zeile neben dem Element die Zahlen von links nach
    rechts, und schreiben Sie die Summe in die Spalte AS. So erhalten Sie die
    Aktivsumme eines jeden Elements.

    Alle von oben nach unten unter einem Buchstaben addierten Zahlen erge-
    ben die Passivsumme (PS) des Elements.

    „Dasjenige Element, das die anderen am stärksten beeinflusst (ganz abge-
    sehen davon, wie es selbst beeinflusst wird), hat dann die höchste Aktivsumme.
    Das Element, das am meisten beeinflusst *wird,* erhält die höchste Pas-
    sivsumme" (Vester 1993, 144 f.).

10. Bitte teilen Sie die Aktivsumme jedes Elements durch seine Passivsumme (AS
    : PS = Quotient Q).

    „Das Element mit der höchsten Q-Zahl ist dann das *aktive Element,* das mit
    der niedrigsten Q-Zahl das *reaktive Element"* (Vester 1993, S. 145).

- **Aktives Element** „beeinflusst alle anderen am stärksten, wird aber von ihnen am schwächsten beeinflusst" (Vester 1993, S. 142).
- **Passives Element** „beeinflusst die übrigen am schwächsten, wird aber
  selbst am stärksten beeinflusst" (Vester 1993, S. 142).

11. Multiplizieren Sie die Aktivsumme jedes Elementes mit seiner Passivsumme
    und schreiben Sie das Ergebnis in die Zeile P (AS x PS = Produkt P).

    Das Element mit der höchsten P-Zahl ist das *kritische Element,* das mit der
    niedrigsten P-Zahl *das ruhende (puffernde) Element.*

- **Kritisches Element** „beeinflusst die übrigen am stärksten und wird gleichzeitig von ihnen am stärksten beeinflusst" (Vester 1993, S. 142).
- **Ruhendes oder pufferndes Element** „beeinflusst die übrigen am
  schwächsten und wird von ihnen am schwächsten beeinflusst" (Vester
  1993, S. 143).

12. Kennzeichnen Sie jetzt anhand der Ergebnisse in beiden Schemata auf Ihrer
    Wandzeitung die vier besonderen Elemente durch entsprechende Hervorhe-
    bung oder Beschriftung.
    Auswertungsschema (Abb. 3.6)

Auf die Analyse folgt die Koordination und Abstimmung mit den Netzwerk-
partnern. Dabei ist zu beachten, dass Netzwerke in einer anderen Art und Weise zu
koordinieren sind als klassische Organisationen (Schubert 2008; Becker et al.
2011). Während hierarchische Governmentstrukturen langfristig angelegt und

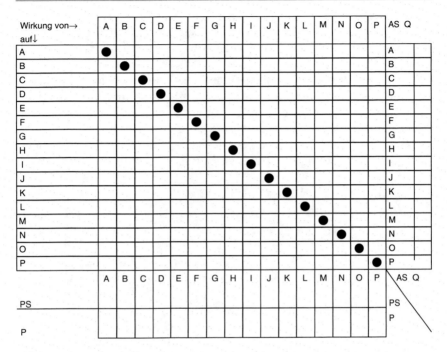

Abb. 3.6 Auswertungsschema

Tab. 3.1 Typologie von Koordinationsformen (Weyer 2000, S. 7)

Koordinationstyp	Markt	Hierarchie/Organisation	Netzwerk
Koordinationsmittel	Preise	formale Regeln	Vertrauen
Koordinationsform	spontan, spezifisch	geregelt, unspezifisch	diskursiv
Akteursbeziehungen	unabhängig	abhängig	interdependent
Zugang	offen	geregelt	begrenzt, exklusiv
Zeithorizont	kurzfristig	langfristig	mittelfristig
Konfliktregulierung	Recht	Macht	Verhandlung

durch das Konfliktregulationsmuster Macht gekennzeichnet sind, haben die netz-
werkorientierten Governanceformen einen mittelfristigen Zeithorizont und werden
durch Verhandlungen reguliert (Tab. 3.1). Der Vorteil liegt im gemeinsamen Agieren, deshalb versuchen die Partner nicht, den eigenen Vorteil auf Kosten anderer
durchzusetzen, sondern kooperieren und verhandeln, wenn sich Konflikte abzeich-
nen. Das wichtigste Koordinationsmittel ist das Vertrauen. Die Form ist diskursiv
und der Zugang ist begrenzt und exklusiv.

Gemeinsame Ziele, Werte und Erfahrungen spielen in Netzwerken eine entscheidende Rolle, denn Netzwerke sind nur unter bestimmten Voraussetzungen
tragfähig. Zu beachten ist, dass Organisationen sich von der Umwelt abgrenzen
und operational geschlossen sind (Luhmann 2004). Doch im Netzwerk geht es
darum, mit der Umwelt zu kooperieren und Anschlussfähigkeiten herzustellen.
Dies geht, wenn die beteiligten Systeme strukturelle Kopplungen aufweisen, das
heißt, wenn Erwartungsstrukturen aufgebaut werden, mit denen Systeme für die
Codes anderer Systeme sensibilisiert werden. Es ist zu überprüfen, ob die
Organisationen, die sich an Netzwerken beteiligen, überhaupt über interne Strukturen und Operationen verfügen, die eine Zusammenarbeit mit der Umwelt vorsehen.

Grenzen der Netzwerkarbeit

So sind bspw. Netzwerke mit dem Justizbereich sehr schwierig, denn die
Justiz operiert unabhängig nach dem Code Recht/Unrecht, sodass Kooperationen als Beeinflussung des Rechtssystems gesehen und somit oft abgelehnt
werden. Schwierig sind z. B. auch Kooperationen zwischen sozialer Arbeit
und Polizei. Denn während die soziale Arbeit durch den Code Inklusion und
Exklusion gekennzeichnet ist (Baecker 1994) und alles immer aus dem
Blickwinkel der Inklusion sieht[1], ist die Polizei für die Aufrechterhaltung der
inneren Sicherheit zuständig. Aufrechterhaltung der inneren Sicherheit ist
die Differenz, die das System Polizei von der Umwelt unterscheidet, und
diese Differenz macht die Polizei zu einem spezifischen System. Gleichzeitig beobachtet die Polizei die Welt auf Basis dieser Differenz. Sie nimmt also
nur das wahr und reagiert nur auf das, was für diese Differenz relevant ist.
Kooperationen stoßen schnell an ihre Grenzen. So stößt bspw. die Erwartung
der Polizei an Einrichtungen der Jugendarbeit, jugendliche Täter rasch zu
kontaktieren, um Recht und Ordnung herzustellen, ggf. an Grenzen, da die
Einrichtungen der Jugendarbeit inklusiv an das Problemfeld herangehen.

Eine Kooperation zwischen verschiedenen sozialen Systemen ist also nur möglich, wenn sie über interne Strukturen und Prozesse verfügen, die Operationen des
jeweils anderen Systems für sie relevant erscheinen lassen. Diese internen Strukturen gilt es zu schaffen, damit eine strukturelle Kopplung der Systeme möglich wird.
Doch oftmals sind solche strukturellen Kopplungen nicht gegeben und dann sind
Netzwerke sehr stark von Personen abhängig. Deshalb sollte geprüft werden, ob ent-
scheidungsbefugte Personen, die in der Lage sind, Ergebnisse in der Organisation

---

[1] Es geht darum, Menschen in die Gesellschaft zu integrieren oder zu reintegrieren.

direkt umzusetzen bzw. entsprechende Prozesse in die Wege zu leiten, für Netzwerke gewonnen werden können, um Kopplungen herzustellen. Wenn stattdessen engagierte, aber mit wenig Kompetenz ausgestattete Organisationsvertreter an den Prozessen teilnehmen, hat das leider nur wenige Auswirkungen. Der Erfolg hängt also stark von der persönlichen Stellung der Akteure in den jeweiligen Organisationen und Institutionen ab. Folglich gilt es, die wichtigen Entscheidungsträger strukturell einzubinden und in von öffentlichen Entscheidungen abhängigen Netzwerken der Sozialwirtschaft eine politische und verwaltungsinterne Absicherung herzustellen.

Der politische Wille zur Unterstützung von Netzwerkstrukturen kann durch wissenschaftliche Studien geweckt werden, in denen die Notwendigkeit zur Unterstützung der Netzwerkarbeit aufgezeigt wird, wie am Beispiel der Netzwerkagentur der Berliner Stattbau GmbH gezeigt wird.

Studie des Deutschen Instituts für Urbanistik
Grundlage für die Gründung der Agentur war eine Studie des Deutschen Instituts für Urbanistik (difu 2007), in der Auswirkungen der demografischen Entwicklung wie die Schrumpfung und Alterung der Bevölkerung mit Folgen für den Wohnungsbau, die sozialen Sicherungssysteme und den Arbeitsmarkt beschrieben wurden (difu 2007, 16 ff.). Weiterhin wurde auf Prozesse wie die Heterogenisierung der Bevölkerung durch Migration, Vereinzelung der Individuen durch die Auflösung von Familienzusammenhängen und die Veränderung von Lebensstilen hingewiesen (difu 2007, 20 ff.). Das difu hat aus dem Zusammenspiel von demografischer Entwicklung und Wohnungsmarktsituation geschlossen, „dass vor allem eine Unterstützung von älteren Menschen und Haushalten mit Kindern bei der Realisierung ihrer Wohnwünsche erforderlich ist" (difu 2007, S. 33). Weiterhin geht das Institut davon aus, dass in Zukunft verstärkt auch gemeinschaftliche Modelle des Bauens und Wohnens entstehen werden, u. a., da familiäre Lebensformen in zunehmendem Maße „durch das Zusammenleben von Menschen unterschiedlichen Alters in ‚Wahlverwandtschaften', die sich vor allem an gemeinsamen Interessen und Lebensstilen orientieren" (difu 2007, S. 34), abgelöst werden. Es propagiert also die Unterstützung generationenübergreifender sozialer Beziehungen, die sich dann auch räumlich im Zusammenwohnen und -leben zeigen. Diese Unterstützung soll die Netzwerkagentur Generation Wohnen leisten, die als Beratungsstelle bei der Entwicklung und Umsetzung gemeinschaftlicher generationenübergreifender Wohnprojekte tätig sein und Vermittlungen zur Wohnungswirtschaft herstellen soll. Ihre Hauptaufgaben bestehen „neben der einzelfallunabhängigen Erstbera-

tung von Interessierten und Wohnprojekten in der Verknüpfung der bestehenden Angebote sowie in der Zusammenarbeit der verschiedenen Verwal-
tungsebenen und öffentlichen Einrichtungen" (difu 2007, S. 7). Neben
Bürgerinnen und Bürgern soll die Agentur auch Akteure der Wohnungswirtschaft und der städtischen Wohnungsbaugesellschaften, Wohnungsgenos-
senschaften und private Haus- und Grundstückseigentümer sowie Banken
und Baufinanzierer gewinnen. Sie soll also Netzwerkarbeit betreiben.

Die Berliner Stattbau GmbH wurde auf der Grundlage der difu-Studie am
01.04.2008 beauftragt, eine Netzwerkagentur zu betreiben. Zur Absicherung ihrer
Arbeit wurde eine verwaltungsinterne Lenkungsrunde von Stadtentwicklung, Arbeit, Soziales, Liegenschaftsfonds etc. gebildet, um eine Abstimmung der anste-
henden Aufgaben zu übernehmen. Die Netzwerkagentur versorgt diese Runde mit
Informationen, koordiniert, moderiert und dokumentiert.

So abgesichert kann Stattbau in einem dritten Schritt die eigentliche Netzwerkarbeit leisten und Miet-, Bauherren- oder Genossenschaftsmodelle für das gene-
rationenübergreifende Wohnen unterstützen und begleiten.

Sie werden von Mitarbeitern der Netzwerkagentur Generationen Wohnen begleitet, die die Techniken und Methoden der Netzwerkarbeit beherrschen und in
der Lage sind, die unterschiedlichen Codes der Beteiligten zu berücksichtigen.
Während bspw. die Wohnungswirtschaft pragmatisch betriebswirtschaftlich geprägt ist, sprechen Verwaltung, Sozialwirtschaft und Interessenten jeweils andere
Sprachen. Hier gilt es zu übersetzen und Anschlüsse herzustellen. Dabei sind personenbezogene Qualifikationen, wie die Fähigkeit, neutral und sachbezogen zu
arbeiten, hinter einer Sache zu stehen und keine Strohfeuer zu erzeugen, sondern
an einer Angelegenheit dranzubleiben, genauso wichtig wie Authentizität und die
Fähigkeit, zu kommunizieren und zu motivieren.

Netzwerkarbeit in der Sozialwirtschaft ist oft sozialräumlich strukturiert. Wie
Kooperationen im Sozialraum strukturiert werden können, soll im Folgenden am
Beispiel kommunaler Bildungs- und Teilhabelandschaften verdeutlicht werden.

3.2.2   Kommunale Bildungs- und Teilhabelandschaften als Beispiele für Kooperationen im Sozialraum

Mit dem Begriff Sozialraum werden einerseits räumlich abgegrenzte Quartiere beschrieben (Riege und Schubert 2019, 1 ff.). Sozialräume können aber auch als Res-
sourcenräume definiert werden, mit einem Fokus auf Kooperationen. Ein Beispiel
hierfür sind kommunale Bildungs- und Teilhabelandschaften.

Kommunale Bildungslandschaften

Die Forderung nach kommunalen Bildungslandschaften ist eng mit dem „PISA-Schock" verknüpft, der 2001 durch die Ergebnisse der PISA(Programme for International Student Assessment)-Studie der OECD in Deutschland ausgelöst wurde. Die Studie zeigte u. a., dass das deutsche Bildungssystem stark auf die Mithilfe der Eltern setzt und Bildungschancen in Deutschland ungleich verteilt sind. In der Folge wurde nach dem Motto „Bildung ist mehr als Schule – Schule ist mehr als Bildung" (Zwölfter Kinder- und Jugendbericht 2005, S. 12) ein Perspektivenwechsel eingefordert. Es erfolgte ein Ausbau der Frühförderung und der Ganztagsschulen und ausgehend von einer Initiative des Deutschen Städtetags im Jahre 2007 wurden kommunale Bildungslandschaften „im Sinne eines vernetzten Systems von Erziehung, Bildung und Betreuung" (Aachener Erklärung 2007, S. 2) propagiert.

„Hauptmerkmale der kommunalen Bildungslandschaft sind:

- Individuelle Potenziale des Individuums und deren Förderung in der Lebensperspektive sind Ausgangspunkt für die Organisation von Bildungs- und Lernprozessen. Kein Kind, kein Jugendlicher darf verloren gehen.
- Die für Bildung zuständigen Akteure arbeiten auf der Basis verbindlicher Strukturen zusammen: Familien-, Kinder- und Jugendhilfe, Schule, Kultur, Sport, Wirtschaft etc.
- Eltern bzw. Familien werden als zentrale Bildungspartner einbezogen.
- Übergänge werden nach dem Prinzip „Anschlüsse statt Ausschlüsse" ermöglicht und gestaltet.
- Die kulturelle Bildung wird als wichtiger Teil ganzheitlicher Bildung einbezogen." (Aachener Erklärung 2007, S. 2)

Da Bildung nicht nur in der Schule stattfindet und Kinder und Jugendliche sich an vielen Orten und bei vielen Gelegenheiten bilden, geht es in kommunalen Bildungslandschaften darum, unterschiedliche Lernorte miteinander zu verbinden und formelle Bildungsprozesse in formalen Settings (zum Beispiel in Schulen) mit informellen Bildungsprozessen, zum Beispiel in Jugendzentren (Abb. 3.7), zu vernetzen. Dabei stehen nicht die Institutionen, sondern die Kinder und Jugendlichen und ihre Bildungsbiografie im Fokus, um sicherzustellen, dass alle Kinder und Jugendlichen „ein Mindestmaß an Kompetenzen zur Gestaltung ihrer eigenen Biografie als Grundlage von Mündigkeit und Leistungsbereitschaft und Leistungsfähigkeit erwerben" (Heinrich-Böll-Stiftung 2011, S. 7).

Kommunale Teilhabelandschaften

Der Terminus „kommunale Teilhabelandschaften" orientiert sich am Begriff der kommunalen Bildungslandschaften. Während es bei den kommunalen Bildungslandschaf-

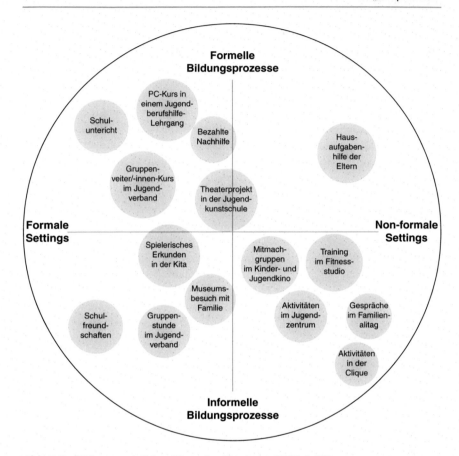

Abb. 3.7 Bildungsmodalitäten (Deutscher Bundestag 2005, S. 97)

ten um Wechselwirkungen zwischen formeller Bildung in der Schule und informellen Bildungsprozessen in der Familie und in der Kinder- und Jugendhilfe geht, behandeln kommunale Teilhabelandschaften das Zusammenspiel von formellen Unterstützungs-möglichkeiten öffentlicher und freier Träger und von informellen Hilfen im Sozial-raum, um Teilhabe zu gestalten. Hierzu sollen soziale Ressourcen aktiviert und profes-sionelle und nicht professionelle Hilfen miteinander kombiniert werden.

Das Grundprinzip kommunaler Teilhabelandschaften lautet: „Alle Beteiligten sind einzubeziehen." Hierzu gehören neben formellen Organisationen und Institut-onen der Betreuung, Hilfe und Teilhabe auch informelle Akteure. Neben formellen gilt es auch informelle Prozesse und neben formalen auch nonformale Settings zu berücksichtigen. Der Mensch mit Behinderung steht im Mittelpunkt der kommuna-

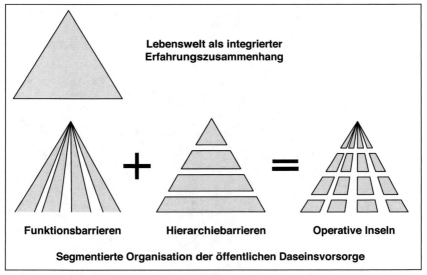

Quelle: verandert nach Hörrmann und Tiby 1991, S. 76; Vahs 2015, S. 203

Abb. 3.8 Versäulung und Verinselung der Lebenswelten und Unterstützungsinstitutionen (Quelle: Schubert 2018a, 12)

len Teilhabelandschaften. Es geht um die individuelle Förderung des Einzelnen mit dem Ziel einer gelungenen Teilhabe. Dabei sind unterschiedliche Entwicklungsstufen zu berücksichtigen. Im Kindesalter haben Unterstützungen der familiären Versorgung und Sozialisation eine wichtige Bedeutung und auch die Vernetzung unterschiedlicher Angebote der physiologischen Versorgung, der Förderung von Mobilität oder der unterstützten Kommunikation. Bei den Jugendlichen und jungen Erwachsenen spielt der formelle schulische Aspekt eine wesentliche Rolle. Es geht um Teilnahme an schulischer und beruflicher Bildung gekoppelt mit der Teilnahme an unterschiedlichen Angeboten im Sozialraum. Bei den erwachsenen Menschen mit Behinderung unterstützen kommunale Teilhabelandschaften bei der Suche oder Schaffung von Arbeit nach Möglichkeit im ersten Arbeitsmarkt. Weiterhin gilt es Wohnbedürfnisse zu befriedigen und sinngebende Tagesstrukturen zu schaffen, aber es geht auch um Pflege und Versorgung. Im Alter spielt neben der Schaffung von Tagesstrukturen das Thema Pflege und Versorgung eine wichtige Rolle

Die kommunalen Strukturen sind durch eine starke Versäulung gekennzeichnet (Schubert 2018a) (Abb. 3.8). Für Menschen mit Behinderung sind auf kommunaler Ebene das Sozial- und Gesundheitsamt, für behinderte Kinder und Jugendliche darüber hinaus das Jugendamt und die Ämter für Schulen, Sport und Kultur, für

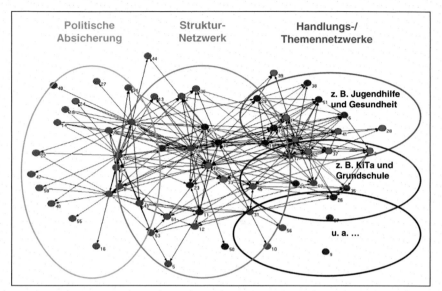

Eigene Darstellung

Abb. 3.9 Kooperationen und Vernetzungen (Quelle: Schubert 2018b, 97)

bauliche Fragen das Hochbauamt und für berufliche Fragen z. B. die Jobcenter zuständig.

Damit Teilhabe gelingen kann, sollte nicht die Zuständigkeit des Amtes, sondern der Mensch mit Behinderung im Mittelpunkt stehen. Versäulungen können überwunden und kommunale Teilhabelandschaften entwickelt werden, wenn Kooperationen und Vernetzungen auf folgenden drei Ebenen erfolgen (Schubert 2018b) (Abb. 3.9).

1. Ebene: Politische Absicherung durch gemeinsame Sitzungen kommunaler Ausschüsse

   - Zur politischen Absicherung kommunaler Teilhabelandschaften sollten die kommunalen Ausschüsse, die mit Teilhabe zu tun haben, wie Soziales, Gesundheit, Bauen, Bildung, Kultur, Familie, Jugend etc., miteinander kooperieren und sich unter dem Gesichtspunkt Teilhabe abstimmen.
2. Ebene: Schaffung von Strukturnetzwerken der Führungskräfte

   - Die Führungskräfte der Ämter und der freien Träger sollten sich vernetzen und strategische Entscheidungen treffen, die mithelfen, Teilhabe zu ermöglichen.

3. Ebene: Schaffung von Handlungsnetzwerken der Fachkräfte

- Es sollten unter dem Blickwinkel der Teilhabe Handlungsnetzwerke der Fachkräfte der öffentlichen und freien Träger gebildet werden, um die Ressourcen des Sozialraums zu nutzen.
- Diese Fachkräfte sollten für die Menschen mit Behinderung zu Lotsen im Hilfesystem und zu Sozialraummanagern werden.

3.3 Kontrollfragen zu Kap. 3

3.1. In welchem Zusammenhang ist der Begriff Corporate Governance entstanden?
3.2. Was ist das Ziel des Corporate Governance Kodex?
3.3. Welche Prinzipal-Agent-Konflikte gibt es im Non-Profit-Bereich?
3.4. Was verstehen Sie unter natürlichen und künstlichen Netzwerken?
3.5. Wie können gemeinsame Handlungsstrukturen etabliert werden?
3.6. Welche Grenzen gibt es in der Vernetzung mit Organisationen aus anderen Funktionsbereichen?
3.7. Wie können Kooperationen zwischen unterschiedlichen Organisationen erfolgen?
3.8. Welche Interessen sind in Governanceprozessen zwischen Politik, Unternehmen und Verbänden zu beachten?
3.9. Welche Faktoren sind für eine erfolgreiche Zusammenarbeit von besonderer Bedeutung?
3.10. Was ist bei Entscheidungsprozessen zu beachten?
3.11. Was ist unter dem „Degree of Connection" zu verstehen?

Literatur

Aachener Erklärung des Deutschen Städtetages anlässlich des Kongresses „Bildung in der Stadt" am 22./23. November 2007, https://www.staedtetag.de/files/dst/docs/Dezernat-3/Archiv/aachener-erklaerung-2007.pdf (Zugegriffen 05.04.2021).
Auer, J. (2010). Hilfreich auch für kleine Organisationen – Der Kodex der Lebenshilfe hat sich bewährt. (S. 211 ff.). *Blätter der Wohlfahrtspflege 6*.
Bachert, R. (2006). Was bedeutet Corporate Governance? In R. Bachert (Hrsg.), *Corporate Governance in Nonprofit-Unternehmen* (S. 14–26). Planegg: WRS Verlag.
Baecker, D. (1994) Soziale Hilfe als Funktionssystem der Gesellschaft, Stn. 93-110 in: Zeitschrift für Soziologie, 1994, Heft 2

Bangert, C. (2010). Geschäftsführung und Aufsicht trennen – Die Grundsätze verantwortungsvoller Unternehmensführung im Deutschen Caritasverband. (S. 207–210). *Blätter der Wohlfahrtspflege 6*.

Baums, T. (Hrsg.) (2001). Bericht der Regierungskommission Corporate Governance: Unternehmensführung, Unternehmenskontrolle, Modernisierung des Aktienrechts. Köln: O. Schmidt.

Beck, M. (2010). Organisationen gut und richtig führen. (S. 203–206). *Blätter der Wohlfahrtspflege 6*.

Becker, T., Dammer, I., Howaldt, J., & Loose, A. (2011). Netzwerkmanagement. Berlin, Heidelberg: Springer.

Bullinger, H., & Nowak, J. (1998). Soziale Netzwerkarbeit. Eine Einführung für soziale Berufe. Freiburg i. Br.: Lambertus.

Bundesministerium für Familie, Senioren, Frauen und Jugend (Hrsg.) (2006). Zwölfter Kinder- und Jugendbericht, Bericht über die Lebenssituation junger Menschen und die Leistungen der Kinder- und Jugendhilfe in Deutschland, Berlin, Im Internet unter: https://www.bmfsfj.de/resource/blob/112224/7376e6055bbcaf822ec30fc6ff72b287/12-kinder-und-jugendbericht-data.pdf. Zugriff: 1.9.2021

Corporate Governance Kodex Gute Unternehmensführung in der Lebenshilfe. Eine Empfehlung der Bundesvereinigung Lebenshilfe für Menschen mit geistiger Behinderung e.V. für ihre Mitgliedsorganisationen, Stand: Sommer 2012 Quelle: https://www.lebenshilfe.de/de/ueber-uns/aufgaben-und-ziele/Dateien/06-Corporate-Governance-Kodex-Lebenshilfe.php?listLink=1.

Deutscher Bundestag (2005): Bericht über die Lebenssituation junger Menschen und die Leistungen der Kinder- und Jugendhilfe in Deutschland – Zwölfter Kinder- und Jugendbericht – Deutscher Bundestag Drucksache 15/6014 15. Wahlperiode 10.10.2005 http://dip21.bundestag.de/dip21/btd/15/060/1506014.pdf. Zugegriffen: 05.04.2021.

difu (Deutsches Institut für Urbanistik) (Jekel, G. unter Mitarbeit von Beckmann, K.J., Arndt, P., Müller, K., Sander, R., Scheumann, D.) im Auftrag der Senatsverwaltung für Stadtentwicklung, Berlin (2007). *Vorstudie zur Einrichtung einer „Netzwerkagentur Generationenübergreifendes Wohnen", Sonderveröffentlichungen*. http://edoc.difu.de/edoc.php?id=COZ7M16W. Zugegriffen: 19.08.2019.

Eberle, D. (2010). Governance in der politischen Ökonomie II: Corporate Governance. In Benz, A. & Dose, N. (Hrsg.), *Governance – Regieren in komplexen Regelsystemen* (S. 155–173). 2., aktualisierte und veränderte Auflage. Wiesbaden: VS Verlag für Sozialwissenschaften.

Florian, F. (2008). Netzwerkarbeit. Die Netzwerkperspektive in der Praxis. In Schubert, H. (Hrsg.), *Netzwerkmanagement*. Wiesbaden: VS Verlag für Sozialwissenschaften.

Handelsblatt vom 13.10.2015

Heinrich-Böll-Stiftung (Hrsg.) (2011). Kommunale Bildungslandschaften. Ein Bericht von Anika Duveneck und Einblicke in die Praxis von Sybille Volkholz, Reihe Bildung und Kultur, Band 9. https://www.boell.de/sites/default/files/2012-02-Kommunale_Bildungslandschaften.pdf. Zugegriffen 05.04.2021.

Kolhoff, L., & Gebhardt, C. (Hrsg.) (2016). Stadtteil in der Schule, Wiesbaden: Springer VS.

Marschik, N. (2016). Anlagen zur Allgemeinen Erhebung in den Sozialräumen der Grundschule Altmühlstraße, Rheinring und Bebelhof. In Kolhoff, L. & Gebhardt, C. (Hrsg.), *Stadtteil in der Schule* (S. 234–239). Wiesbaden: Springer VS.

Mitchell, R. K., Agle, B. R., & Wood, D. J. (1997). Toward a Theory of Stakeholder Identification and Salience: Defining the Principle of Who and What Really Counts. *Academy of Management Review, 22. Jahrgang, Heft 4,* (S. 853–896).

Riege, M., Schubert, H. (Hrsg.) (2019). Sozialraumanalyse. Grundlagen – Methoden – Praxis. 6. unveränderte Aufl. Hannover: Verlag Sozial – Raum – Management.

Schubert H. (2018a). *Netzwerkorientierung in Kommune und Sozialwirtschaft. Eine Einführung.* Wiesbaden: Springer VS.

Schubert, H. (2018b). *Netzwerkmanagement in Kommune und Sozialwirtschaft. Eine Einführung.* Wiesbaden: Springer VS.

Schubert, H. (Hrsg.) (2008). Netzwerkmanagement – Koordination von professionellen Vernetzungen – Grundlagen und Praxisbeispiele. Wiesbaden: VS Verlag für Sozialwissenschaften.

Schuhen, A. (2014). Corporate Governance in sozialwirtschaftlichen Organisationen. In Arnold, U., Grunwald, K. & Maelicke, B. (Hrsg.), *Lehrbuch der Sozialwirtschaft* (S. 525–545). Baden-Baden: Nomos.

Siebart, P. (Hrsg.) (2006). Corporate Governance von Nonprofit-Organisationen. Ausgewählte Aspekte der Organisation und Führung. Bern/Stuttgart/Wien: Haupt

Theuvsen, L. (2001). Stakeholder-Management – Möglichkeiten des Umgangs mit Anspruchsgruppen, Münsteraner Diskussionspapiere zum Nonprofit-Sektor 16. http://www. aktive-buergerschaft.de/fp_files/Diskussionspapiere/2001wp-band16. Zugegriffen: 10.06.2021.

Vester, F. (1993). Unsere Welt – ein vernetztes System. 8. Aufl. München: dtv.

Wald, A., & Jansen, D. (2007). Netzwerke. In Benz, A., Lütz, S., Schimank, U. & Simonis, G. (Hrsg.), *Handbuch Governance* (S. 93–105). Wiesbaden: VS Verlag für Sozialwissenschaften.

Weyer, J. (2000). Soziale Netzwerke. Konzepte und Methoden der sozialwissenschaftlichen Netzwerkforschung. München 2000. Oldenbourg

Mikroebene: „Interaction"

4

Zusammenfassung

Auf der Mikroebene wird das Thema Governance aus Sicht der Akteure und ihrer Interaktionen behandelt. Kommunikation und Vertrauen und die „Chemie" zwischen den Akteuren sind wichtige Erfolgsfaktoren gelingender Governance-Prozesse, ebenso wie der Einsatz von Governancemethoden der Beteiligung, der Konfliktregelung, des Interessensausgleichs und der Aktivierung im Sozialraum.

Lernziele

Sie lernen im folgenden Kapitel mehr über die Interaktionen und Interessen einzelner Akteure in Governanceprozessen. Sie lernen, welches soziale Kapital Sie als „Netzwerker" mitbringen, wie Sie im Sozialraum agieren und welche Prinzipien der Sozialraumorientierung Sie dabei beachten sollten.

Darüber hinaus lernen Sie Governancemethoden kennen, um Akteure zum gemeinsamen kollektiven Handeln anzuregen.

4.1   Interaktionen in Governanceprozessen

Governanceprozesse sind durch ein Zusammenspiel der Akteure gekennzeichnet, folglich kommt es auf die Interessen und das Verhalten der Handelnden an.

© Springer Fachmedien Wiesbaden GmbH, ein Teil von Springer
Nature 2022
L. Kolhoff, *Governance in der Sozialwirtschaft*, Basiswissen Sozialwirtschaft und Sozialmanagement,
https://doi.org/10.1007/978-3-658-27295-1_4

4.1.1   Die Interessen der Akteure berücksichtigen

Governance basiert auf freiwilliger Zusammenarbeit, bei der jeder Handelnde bestimmte Ziele verfolgt und dadurch motiviert ist. Dabei sind die unterschiedlichen Handlungslogiken der beteiligten Akteure zu beachten:

Handlungslogiken der beteiligten Akteure

- Kommunalpolitiker sind in der Regel territorial ausgerichtet, denn sie müssen sich an regionalen Gegebenheiten orientieren, wenn sie beim nächsten Mal wiedergewählt werden wollen. Sie müssen abwägen, welche Themen sie dafür auf ihrer politischen Agenda platzieren. Sie orientieren sich am Code des Funktionssystems Politik und folgen der Handlungslogik der Macht.
- Ein Unternehmen hingegen möchte einen möglichst hohen Gewinn erzielen und handelt demnach nach den Handlungslogiken Markt und Preis.
- Zivilgesellschaftliche Zusammenschlüsse, z. B. Verbände, folgen fachlichen oder verbandspolitischen Logiken und sind häufig aufgrund ihrer Mitgliederstruktur territorial gebunden.

Interessen einzelner Akteure können sehr unterschiedlich geprägt sein. Die Beteiligten agieren nur, wenn der erkennbare Nutzen größer ist als die Kosten. Möglichkeiten, Sanktionen zu verhängen, gibt es in Governanceprozessen nicht und Macht kann, wenn überhaupt, nur sehr subtil eingesetzt werden, denn wenn Konflikte aufbrechen und dadurch der Aufwand oder Einsatz größer ist als das Resultat, können Governancestrukturen schnell zerbrechen. Ausschlaggebend für eine erfolgreiche Zusammenarbeit sind Kommunikation und Vertrauen sowie gemeinsame Ziele und Visionen.

Da die Interessen der Akteure oft unterschiedlich sind, kann Governance nur dann funktionieren, wenn sich die handelnden Personen kennen und vertrauen. Die „Chemie" zwischen den Akteuren muss also stimmen. Ein Faktor, der sich nicht leicht messen lässt, der aber anhand der Beantwortung der folgenden Fragen greifbarer wird:

Übersicht
Gemeinsame Ziele und Visionen

- Welche Institutionen haben Ziele, die zumindest in Teilbereichen mit unseren Zielen übereinstimmen?

Bereitschaft und Fähigkeit zum Perspektivenwechsel

- Welche Interessen und Erwartungen hat unser Partner?
- Was müssen wir tun, um mit den Augen unseres Partners zu sehen?

Sich auf etwas Neues einlassen

- Wen können wir in die Governancearbeit schicken?
- Wer ist wenig betriebsblind und in der Lage, sich auf Neues einzulassen?

Gegenseitiges Vertrauen

- Was müssen wir tun, um unser Vertrauen aufrechtzuerhalten, sodass andere uns vertrauen, und worauf müssen wir achten, damit wir anderen vertrauen können?

Es darf nur Gewinner geben

- In welchen Bereichen gibt es Win-win-Situationen?
- Was müssen wir tun, damit wir nicht ausgenutzt werden, und an welchen Stellen müssen wir aufpassen, dass wir nicht andere ausnutzen?

Gemeinsame Kommunikation

- Wie verstehen uns die anderen?
- Sind unsere Begriffe und unsere Erwartungen für andere verständlich?
- Was müssen wir tun, um unsere Erwartungen für andere verständlich zu machen?

Regelmäßige Kontaktpflege

- Haben wir die Kontakte zu unseren Partnern gepflegt?
- Was müssen wir tun, um Kontakte zu pflegen? (Endes 2001, 103 ff.)

Governance ist ein Prozess der Entscheidungsfindung. Zu analysieren ist, welche Akteure welche Rollen in Entscheidungsprozessen einnehmen (Speckbacher und Pfaffenzeller 2004, S. 196). Zu beachten ist, dass Entscheidungen nur selten durch formale Verfahren bestimmt werden, denn wenn es zum Votum in Entscheidungsgremien kommt, sind die wesentlichen Dinge oftmals schon entschieden. Zu beachten ist auch, dass viele Vorentscheider sich im Vorfeld beraten lassen. Diese Ratgeber sind keine gewählten Delegierten, sondern Menschen, denen Kompetenzen zugeschrieben werden. Sie sind in der Lage, Prozesse zu beeinflussen, und sollten folglich frühzeitig mit eingebunden werden.

Vorentscheidungen

Zu fragen ist, wo, wann und in welchen Gremien Vorentscheidungen gefällt werden und vor allem unter Einfluss welcher Personen.

An welchen informellen Orten und zu welchen informellen Zeiten werden Entscheidungen vorbereitet und wie werden diese Entscheidungen beeinflusst, ob durch Personen oder beispielsweise durch den gezielten Einsatz oder Wegfall von Informationen?

Viele Governanceprozesse haben den Anspruch, dass die Beteiligten sich nicht nur punktuell, sondern nachhaltig engagieren. Deshalb sollten die Initiatoren von Governanceprozessen entstandene soziale Bezüge und Kontakte pflegen. Besonders wichtig ist es, Key-Stakeholder zu pflegen (Speckbacher und Pfaffenzeller 2004, S. 203).

4.1.2   Soziales Kapital herausbilden

Wesentlich für Governanceprozesse ist das soziale Kapital der handelnden Personen. Ein Indikator für soziales Kapital eines Akteurs ist sein „Degree of Connection", also die Zahl und die Qualität seiner Beziehungen im Netzwerk.

Erfolgreiche Governanceakteure sind erfolgreiche Netzwerker und sollten als solche gezielt ihr soziales Kapital ausbauen und dabei die folgenden Empfehlungen befolgen:

Was Sie tun sollten:

- Das Kapital des Netzwerkers sind seine Kontakte.
  - Sie sollten Kontakte aufbauen und pflegen.
- Organisationen beteiligen sich an Netzwerken, wenn sie sich einen Mehrwert versprechen.
  - Evtl. ist einer Organisation nicht bewusst, was sie vom Netzwerk hat oder haben könnte. Sie sollten dies verdeutlichen.
- Da niemand gezwungen werden kann, an einem Netzwerk teilzunehmen, sollten Sie immer auf Augenhöhe kommunizieren und Wertschätzung ausdrücken.
  - Sie sollten niemals jemanden abwerten.

> • Netzwerke entwickeln sich oftmals im Rahmen von Gesprächsrunden.
> – Sie sollten vorhandene Anlässe und Strukturen nutzen oder neue Anstöße für Kommunikationsrunden kreieren.

Beziehungen entstehen nicht von allein. Deshalb sollten die Initiatoren von Governanceprozessen neben Teamfähigkeit, Kommunikationsfähigkeit und sozialer Kompetenz über die Fähigkeit verfügen, Sympathie zu erzeugen, und immer wieder neue Optionen, gemäß dem kategorischen Imperativ des Netzwerkers „Handele jederzeit so, dass andere an den Ergebnissen Deines Handelns anschließen können" (Sloterdijk 2004, S. 488), eröffnen. Dabei gibt es unterschiedliche Herangehensweisen und Typen, die Heuberger (Heuberger 2007, 77 ff.) wie folgt unterscheidet:

1. Den Graswurzelnetzwerker: Ich habe so viele Menschen erlebt und miteinander bekannt gemacht, dass dies für 1000 Leben reichen würde.
2. Das Trüffelschwein: Ich habe allgemein ein Gespür für Muster und Trends entwickelt.
3. Den Projektvermittler, der nach dem Motto agiert: „Ich verbinde die richtigen Menschen und Ideen miteinander."

4.1.3   Im Sozialraum agieren

Governanceprozesse sind oft sozialräumlich verortet. Im Sozialraum gilt es Beziehungen in sozialen Netzwerken zu initiieren und zu pflegen.

Soziale Netzwerke unterstützen und initiieren
Eine wichtige Aufgabe im Rahmen einer sozialräumlichen Governancearbeit besteht darin, vorhandene Netzwerke zu stabilisieren und neue räumliche Netzwerke zu aktivieren. Zu beachten ist, dass Beziehungen sich nicht einfach ergeben, weil Menschen nebeneinander wohnen. Zwar werden Menschen, wenn sie sich mögen, etwas miteinander anfangen können und wollen. Dann entwickelt sich auch eine aktive Nachbarschaft, doch in anderen Fällen eben nicht (Häußermann und Siebel 2004, S. 115). Räumliche Beziehungen entstehen durch Interaktionen, die sich an sozialer Homogenität, an sozialem Status, Lebenszielen usw. orientieren. In sozial homogenen Quartieren ist die Wahrscheinlichkeit intensiver Nachbarschaftsbeziehungen höher als in heterogenen Quartieren, während unerwünschte Kontakte Distanz fördern (Häußermann und Siebel (2004), 111 f.).

Dieses Phänomen wird durch Veränderungen der Gemeinschaftsstrukturen verstärkt. Während im 19. und 20. Jahrhundert Gemeinschaft durch den räumlichen Bezug definiert wurde – die Kommunikation erfolgte von Tür zu Tür, man unterhielt sich mit dem Nachbarn und baute räumliche Gemeinschaftsstrukturen auf (door-to-door community) –, können heute durch Kommunikations- und Transportmittel Gemeinschaften losgelöst vom räumlichen Bezug entstehen. Der Kontakt zu Nachbarn verliert an Bedeutung. Gleichzeitig gewinnt der eigene Haushalt an Gewicht (Straus 2004, S. 8). Von zu Hause kann man telefonieren, zu Hause kann man fernsehen, essen, trinken, schlafen und die Freizeit muss man nicht unbedingt mit dem Nachbarn verbringen, sondern kann sie mit den Personen gestalten, die man sich aussucht. Diese Veränderungen haben auch Auswirkungen auf öffentliche Plätze. Sie verlieren ihren Charakter als gemeinschaftsstiftende Orte und werden zu Verkehrsknotenpunkten oder zu Einkaufsorten. Doch der Prozess geht weiter. Während mit Telefon und Auto noch Orte verbunden wurden (place-to-place community), lösen moderne Kommunikationsmittel wie Handys, Internet und soziale Netzwerke den Raumbezug vollkommen auf, denn die Menschen können an den unterschiedlichsten Orten sein, im Auto, im Zug, und dennoch miteinander kommunizieren (person-to-person community). Dieser Trend führt dazu, dass nicht der Raum, sondern das virtuelle Netzwerk zunehmend im Mittelpunkt sozialer Kontakte steht (Straus 2004). Folglich sollten entlokalisierte Nachbarschaften gefördert werden. Denn es geht bei nachbarschaftlichen Kontakten nicht so sehr um die räumliche Struktur, sondern um die Qualität und Freiwilligkeit persönlicher Beziehungen (Seifert 2012, S. 168). Deshalb besteht ein wesentlicher Eckpunkt einer sozialraumorientierten Arbeit darin, persönliche Netzwerke zu entwickeln und zu stabilisieren, dabei gilt es die folgenden von Hinte (Hinte und Treeß 2007, 2008) entwickelten Prinzipien der Sozialraumorientierung zu berücksichtigen (Abb. 4.1).

Die Grundprinzipien der Sozialraumorientierung beachten

1. **Orientierung am Willen der Menschen**
   Ausgangspunkt jeder sozialräumlichen Arbeit ist der Wille der Menschen in Abgrenzung zu naiven Wünschen. Während beim Wunsch erwartet wird, dass etwas gemacht oder hergestellt wird, ist der Wille eine Haltung, aus der heraus einer Aktivität nachgegangen wird (Hinte und Treeß 2007, S. 46), das heißt, wenn jemand einen Willen äußert, so ist er bereit, etwas zu tun, und auch bereit, eigene Ressourcen einzusetzen. Es geht darum, Interessen und Bedürfnisse nicht abzuleiten, sondern konkret nachzufragen. Menschen haben eigene Lösungen, die es zu finden und für die jeweiligen Lebensverhältnisse passungsfä-

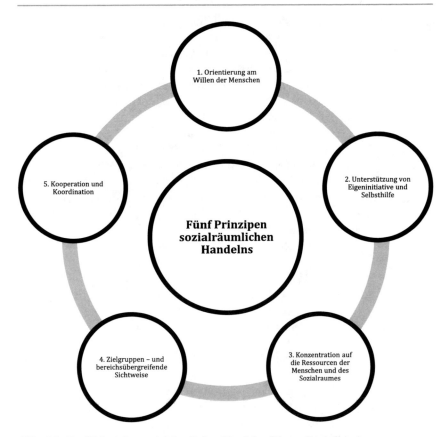

Abb. 4.1 Fünf Prinzipien sozialräumlichen Handelns (Eigene Darstellung)

hig zu machen gilt. Willen zu aktivieren bedeutet, erlernter Hilflosigkeit (Seligmann 1995) entgegenzuwirken. Es sollte nicht darüber gesprochen werden, was
Menschen sich wünschen, sondern darüber, was sie wollen und wofür sie auch
bereit sind, sich zu engagieren. Es geht darum, Menschen aufmerksam zuzuhö-
ren, um herauszubekommen, was sie wollen. Was bewegt sie? Womit beschäftigen sie sich, was möchten sie ändern und wofür sind sie bereit, sich einzubringen? Auf der Grundlage des Willens gilt es dann mit den Menschen gemeinsame
Pläne zu entwickeln, bei denen sie, aber auch andere gemeinsam zum Gelingen
beitragen.

2. **Unterstützung von Eigeninitiative und Selbsthilfe**
Das zweite Prinzip lautet Unterstützung von Eigeninitiative und Selbsthilfe
(Hinte und Treeß 2007, 51 ff.). Dieses Prinzip stellt die aktivierende Arbeit in
den Vordergrund, während die betreuende nachgeordnet ist. Weiterhin bedeutet
dieses Prinzip, dass diejenigen in Entscheidungen einbezogen werden, die von
diesen Entscheidungen betroffen sind.

3. **Konzentration auf die Ressourcen**
Ein drittes Prinzip lautet „Konzentration auf die Ressourcen der Menschen und
des Sozialraums" (Hinte und Treeß 2007, 60 ff.) Menschen werden ressourcen-
und nicht defizitorientiert betrachtet. Im Sinne des Empowermentansatzes (Herriger 2014, Theunissen 2009, Kulig et al. 2011) geht es darum, Fähigkeiten und
Ressourcen zu identifizieren, zu aktivieren und zu nutzen, mit deren Hilfe Menschen die eigenen Lebenswege und Lebensräume selbstbestimmt gestalten bzw.
Kontrolle über das eigene Leben gewinnen.

Gefragt wird: Welche Stärken haben Menschen? Welche Fähigkeiten und
Ressourcen haben sie bzw. ihre Angehörigen, Freunde, Bekannte, Nachbarn
und Netzwerkpartner und wie können diese aktiviert werden?

Das Empowerment findet auf verschiedenen Ebenen statt:

Subjektorientiertes Empowerment
Das subjektorientierte Empowerment fördert die individuellen Ressourcen. Es geht
um personenbezogene Ansätze der Veränderung des Selbstwertgefühls und der
Selbstwirksamkeit. Methoden, die zum Tragen kommen, sind die stärkenorien-
tierte Biografiearbeit, Kompetenzdialog, Ressourcendiagnostik, Ressourcenakti-
vierung, persönliche Zukunftsplanung und Kompetenztraining.

Gruppenorientiertes Empowerment
Das gruppenorientierte Empowerment widmet sich der Vernetzung von Menschen,
die ähnliche Probleme, Anliegen oder Interessen haben, um Prozesse der Isolation
aufzuheben und gemeinsames Handeln zu ermöglichen. Es werden Methoden wie
Netzwerkdiagnose, Netzwerkarbeit, Förderung von Selbsthilfegruppen, Förderung
von Peer Support und Peer Councelling genutzt.

Organisationsbezogenes Empowerment
Das organisationsbezogene Empowerment findet vor allem im Kontext von Betei-
ligungsprozessen statt, z. B. im Rahmen von Selbsthilfegruppen oder Interessenvertretungen.

Das sozialraumbezogene Empowerment fördert Ressourcen vor Ort, also Ressourcen im Quartier. Hierzu gehören insbesondere Nachbarschaften.

4. **Zielgruppen- und bereichsübergreifende Sichtweise**
   Das vierte Prinzip verlangt eine Zielgruppen- und Bereichsübergreifende Sichtweise (Hinte und Treeß 2007, 72 ff.). Es geht darum, übergreifend zu denken und zu handeln. Es sollten Synergieeffekte gefördert und Kompetenzen und Ressourcen aus anderen Bereichen als aus dem Sozialbereich, wie z. B. aus dem Kultur- und Freizeitbereich oder auch der Städtebauförderung, mit genutzt und Netzwerke mit Personen, Gruppen und Organisationen aufgebaut werden, die ähnliche Bedürfnisse haben.

5. **Kooperation und Koordination**
   Das fünfte Prinzip lautet „Kooperation und Koordination" (Hinte und Treeß 2007, 75 ff.). Es geht darum, möglichst viele professionelle und ehrenamtliche Akteure zu gewinnen und zu aktivieren, miteinander zu kommunizieren und zu kooperieren, um Netzwerke aufzubauen.

Nachdem auf die Interaktionen in Governanceprozessen eingegangen wurde, geht es im Folgenden um Governancemethoden.

4.2   Governancemethoden

Zu den Governancemethoden gehören Forschungs-, Beteiligungs- Ideenfindungs-, Konfliktlösungs- und Aktivierungsmethoden.

Zu den im Rahmen von Governanceprozessen eingesetzten Forschungsmethoden gehört die Aktionsforschung.

4.2.1   Aktionsforschung

Die von Kurt Lewin begründete Aktionsforschung ist ein Typus professionell betriebener Forschung, bei dem Erkenntnisarbeit bewusst und direkt auf die Lösung eines praktisch-sozialen Problems ausgerichtet ist. „Die für die soziale Praxis erforderliche Forschung lässt sich am besten als eine Forschung im Dienste sozialer Unternehmungen und sozialer Technik kennzeichnen. Sie ist eine Art Tat-Forschung (action research), eine vergleichende Erforschung der Bedingungen und Wirkungen verschiedener Formen des sozialen Handelns und eine zu sozialem Handeln führende Forschung. Eine Forschung, die nichts anderes als Bücher hervorbringt, genügt nicht" (Lewin 1953, S. 280). Das Aktionsforschungsmodell be-

dingt die Kooperation von Wissenschaftlern und Praktikern bei Design und Aus-
wertung von Forschung. Forscher sowie Rat- und Hilfesuchender bilden ein
gemeinsames Handlungssystem. Die Betroffenen sind keine Forschungsobjekte,
sondern mit dem Forscher kooperierende und interagierende Partner.

Im Rahmen von Aktionsforschungsprojekten werden unterschiedliche Methoden eingesetzt. Besonders bewährt hat sich die auf Lewin zurückgehende Survey-
Feedback-Methode. Bei dieser Methode werden Daten erhoben und Zusammen-
hänge erforscht (Survey), z. B. mithilfe von Fragebögen, Interviews, Fallanalysen,
Gruppendiskussion etc. Die Ergebnisse der Datenerhebung werden an die Betroffenen selbst zurückgespiegelt (Feedback) und diskutiert und diagnostiziert. Dann
werden Veränderungsvorschläge unterbreitet und Aktionspläne entwickelt und im-
plementiert.

Die Survey-Feedback-Methode ist also durch drei Schritte gekennzeichnet
(Abb. 4.2):

Im Governancekontext kann Aktionsforschung genutzt werden, um in einem
Sozialraum in Kooperation mit den betroffenen Personen Veränderungsprozesse in
Gang zu setzen. Zu den Werkzeugen der Aktionsforschung gehören Instrumente
wie aktivierende Befragungen als Einstieg, um Kompetenzen im Sozialraum zu
erfassen, oder die Sozialraumbeobachtung, mit der die sichtbaren, ins Auge fallen-

Abb. 4.2 Survey-Feedback-Methode (Eigene Darstellung)

den Fakten erfasst werden, wie das Straßenbild, der Verkehr, aber auch die Interaktionen im Sozialraum. Diese Methoden dienen der Hypothesenbildung und als Vorbereitung einer Sozialraumanalyse, mit der objektive Fakten über den Sozialraum ebenso festgestellt werden wie Meinungen und Ansichten. Wo fühlen sich Menschen betroffen? Wo sind Veränderungsmöglichkeiten oder Potenziale, an denen angesetzt werden kann? Gibt es informelle Führer im Sozialraum?

Im Rahmen einer Voruntersuchung erfolgt dann eine erste Überprüfung der entwickelten Hypothese. Hierzu werden Experten und Beteiligte befragt. Die schriftlich festgehaltenen Ergebnisse der Befragung werden anschließend aufbereitet und analysiert, um die Hauptuntersuchung vorzubereiten.

Die Hauptuntersuchung besteht aus den Ebenen Expertenbefragung und Betroffenenbefragung.

Die Ergebnisse der Hauptuntersuchung werden den Beteiligten vorgestellt mit dem Ziel, sie zu aktivieren, sich an Problemlösungsprozessen zu beteiligen (Abb. 4.3).

Zur Beteiligung und Aktivierung können die unterschiedlichsten Methoden eingesetzt werden, wie im Folgenden gezeigt wird.

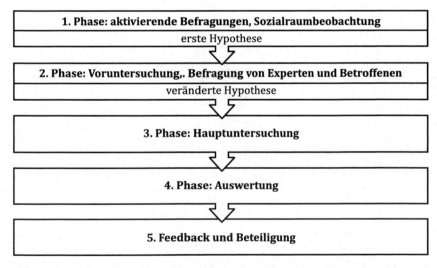

Abb. 4.3 Der Aktionsforschungsprozess (Eigene Darstellung)

Abb. 4.4 Fish Bowl (Quelle:
https://ceimzeit.de/fishbowl-
methode/)

4.2.2 Beteiligungsmethoden

Durchführung von Diskussionsveranstaltungen
Die am häufigsten eingesetzte Beteiligungsmethode ist die Diskussionsveranstaltung z. B. in Form der „Hearing-Diskussion", mit Experten. Diese Form ist angebracht, um Expertenmeinungen zu bestimmten Inhalten zu präsentieren. Um aber die Teilnehmenden zu beteiligen, sind andere Formen geeignet, wie z. B. die oft angewandte „Metaplan-Moderationsmethode", bei der Diskussionsergebnisse mithilfe von Karten visualisiert werden (Kühl 2009, 195 ff.), oder aber die weniger genutzte „Fish-Bowl-Technik" (Abb. 4.4).

„Bei einer Fishbowl werden ein innerer und ein äußerer Stuhlkreis aufgebaut. Wenn sich ein Teilnehmer aus dem Außenkreis (Zuhörerschaft) an der Diskussion beteiligen will, dann muss er/sie sich entweder auf einen freien Stuhl im Innenkreis (Diskutanten) setzen oder stellt sich hinter einen Stuhl. Diese Person auf dem Stuhl darf ihren Gedanken noch zu Ende formulieren und muss anschließend den Kreis verlassen. Die andere Person nimmt dann diesen Platz ein." (Quelle: World Cafe, Fish Bowl und Open Space, Alternativen zu herkömmlichen Konferenzmodellen, https://blog.converia.de/de/world-cafe-fish-bowl-und-open-space/)

Wie die Fish-Bowl-Technik nutzt auch das „Netzwerkkarussell" einen Innen- und einen Außenkreis.

„In dieser Anordnung nimmt die eine Hälfte der Teilnehmenden im Innenkreis (mit dem Blick nach außen) und die andere Hälfte im Außenkreis (mit dem Blick nach innen) Platz – die Personen sitzen sich paarweise vis-à-vis gegenüber. Im ersten Karussellgespräch tauscht sich die Person im Innenkreis mit der gegenübersitzenden Person im Außenkreis zu einer vorgegebenen Fragestellung aus. Die

*wichtigsten Antworten werden auf – mindestens zwei – Metaplankarten notiert.
Nach einer Weile (zeitliche Begrenzung je nach Tiefe der Frage) dreht sich zuerst
der Innenkreis im Uhrzeigersinn zum nächsten Paargespräch weiter und vor dem
darauffolgenden Karussellgespräch der Außenkreis gegen den Uhrzeigersinn. In
der Folge der Positionsverschiebungen kommen die Teilnehmenden über mehrere
Runden mit unterschiedlichen Partnerinnen und Partnern ins Gespräch. Die Mode-
rationskräfte befestigen während der nächsten Runde die Metaplankarten mit den
Notizen der Gesprächsrunde zuvor an den Pinnwänden.*

*Für jede Runde kann eine spezifische Fragestellung formuliert werden; über
alle Runden kann aber auch dieselbe Fragestellung bestehen bleiben. […]
Nach einer festgelegten Zahl von Runden werden die beiden Kreise aufgelöst.
Nun bilden die Teilnehmerinnen und Teilnehmer des Innenkreises sowie auch des
Außenkreises, die untereinander noch nicht ins Gespräch gekommen sind, Dreier-
gruppen (Triaden). Gemeinsam schauen sie sich die Ergebnisse auf den Pinnwänden
an und verständigen sich auf die wichtigsten Aspekte unter einer syntheseorientierten
Frage – wie zum Beispiel: „Welche drei Schlussfolgerungen ziehen Sie aus Ihren
Gesprächen und den angepinnten Karten?" Abschließend stellen die Teams ihre Er-
kenntnisse vor und heften sie an eine freie Pinnwand."* (Schubert 2021, 12 f.)

Doch auch in klassischen Plenumsveranstaltungen können Aktivierungen durch
entsprechende Methoden erreicht werden, wie z. B. durch:

- „Murmelgruppen" (2–3 Individuen tauschen sich ca. 5 Minuten über eine vor-
  gegebene Frage aus.)
- „Ecken-Diskussion" (In den Ecken des Raumes werden vorbereitete Plakate
  aufgehängt, auf denen Halbsätze stehen, die ergänzt werden sollen.)
- „Interviews in Kleingruppen" (Damit sich Menschen besser kennenlernen, in-
  terviewen sie sich in Kleingruppen (2–4 Personen) und stellen die interviewten
  Partner im Plenum vor.)
- „Vernissage" (Die Teilnehmer der Veranstaltung werden gebeten, zu einem
  Thema ein Bild oder auch eine Skulptur zu erstellen.) (vgl. Hochschuldidaktik,
  Methodenbar   https://www.uni-due.de/imperia/md/content/zfh/methoden-
  bar_2012.pdf). Zugegriffen: 1.09.2021

Methoden zur Beteiligung von großen Gruppen
Neben den strukturierten Diskussionsveranstaltungen können offene Großgruppenverfahren wie Open Space, World-Café oder Zukunftskonferenzen angewandt
werden, um Bürger, die nicht Mitglieder von politischen Vertretungskörperschaf-
ten sind, in Bürgerforen oder Stadtteilkonferenzen oder aber auch externe und interne Stakeholder von Organisationen der Sozialwirtschaft zu beteiligen.

Open Space

„Open Space (engl.) bedeutet „offener Raum" oder „Freiraum". Es ist eine Methode, die zur Gestaltung von Konferenzen eingesetzt wird. Die Methode ermöglicht die Arbeit mit Klein- bis Großgruppen (8 bis 1000 Personen oder mehr). Sie wird außerdem als ein Instrument der Organisationsentwicklung gebraucht. Open Space beruht auf den Prinzipien der Selbstorganisation und Selbstbestimmung der teilnehmenden Personen und dem Grundsatz einer Abkehr von Kontrolle. Somit soll der Einsatz der Methode des Open Space den Einfluss und die Mitwirkungsmöglichkeiten der Teilnehmer einer Konferenz maximieren. Im Gegensatz zur traditionellen Konferenz gibt es im Open Space kein im Voraus geplantes Veranstaltungsprogramm, also keinen festgelegten Ablauf. Dieser wird von den Teilnehmern zu Beginn der Veranstaltung selbst gestaltet. Lediglich ein (Leit-)Thema ist vorgegeben. Open Space dient methodisch zur Problemlösung, die Methode bietet eine grobe Struktur der Durchführung von Problemlösungsprozessen. Es wird jedoch keine Strategie für die Lösung eines bestehenden Problems in einer Organisation vorher festgelegt. Keine Person sollte die Ergebnisse einer solchen Konferenz im Voraus kennen oder bestimmen wollen. Es sind vielfältige Themen- und Anwendungsbereiche der Methode möglich. Open Space wird insbesondere bei komplexen und drängenden Problemen eingesetzt, beispielsweise zur schnellen und kreativen Gestaltung von Veränderungsprozessen in Organisationen. Die Methode kann in vielen verschiedenen Arten von Organisationen durchgeführt werden (Profit- und Non Profit-Bereich). Die Dauer einer Open Space-Konferenz kann von einigen Stunden (z. B. regelmäßige Abteilungsbesprechungen) bis hin zu mehreren Tagen reichen (z. B. Konferenz zur Einleitung von Veränderungen in einer Organisation)." (Reich 2008)

World-Café

„Das World-Café – entwickelt von den US-amerikanischen Unternehmensberatern Juanita Brown und David Isaacs – ist eine weltweit eingesetzte Dialog- und Workshop-Methode. Sie ist geeignet für Gruppengrößen von 12 bis zu 2.000 Teilnehmenden.

Basierend auf der Annahme, dass es kollektives Wissen gibt, sollen Menschen miteinander in ein konstruktives Gespräch gebracht werden zu Themen, die für die Teilnehmenden relevant sind. Es geht darum, in Veränderungsprozessen möglichst viele Beteiligte zu Wort kommen zu lassen und ihnen so Mitwirkung und Engagement zu ermöglichen. Der Ansatz des World-Cafés unterstützt Selbstentwicklung und Selbststeuerung und fördert die Selbstorganisation. Die Gespräche finden in einer entspannten Kaffeehaus-Atmosphäre statt und haben das Ziel, gemeinsames Wissen und kollektive Intelligenz sichtbar zu machen, um so neue Perspektiven, Denkweisen und Handlungsoptionen zu entwickeln.

Der Standard-Ablauf eines World-Cafés dauert etwa zwei bis drei Stunden: Die Teilnehmenden sitzen im Raum verteilt an Tischen mit vier bis fünf Personen. Die Tische sind mit weißen, beschreibbaren Papiertischdecken und Stiften bzw. Markern belegt. Ein Facilitator oder Moderator führt als Gastgeber zu Beginn in die Arbeitsweise ein, erläutert den Ablauf und weist auf die Verhaltensregeln, die Café-Etikette hin. Im Verlauf werden zwei oder drei unterschiedliche Fragen in aufeinander folgenden Gesprächsrunden von 15–30 Minuten an allen Tischen bearbeitet. Zwischen den Gesprächsrunden mischen sich die Gruppen neu. Nur die Gastgeber bleiben die ganze Zeit über an einem Tisch: Sie begrüßen neue Gäste, resümieren kurz das vorhergehende Gespräch und bringen den Diskurs erneut in Gang. Das World-Café schließt mit einer Reflexionsphase ab." (Söllner o. J., 2010)

Zukunftskonferenz (Abb. 4.5)
„In einer Zukunftskonferenz (Future Search) kommen 60–80 Menschen unterschiedlicher Interessengruppen zusammen, die ein gemeinsames Thema drängt, das keiner alleine lösen kann. Sie entwickeln miteinander ein gemeinsames, im Konsens verabschiedetes Zukunftsbild, und planen konkrete Handlungsschritte zu dessen Umsetzung.

Eine Zukunftskonferenz beginnt nach einem sich kennen lernen mit einem Rückblick in die Vergangenheit. Dieser Rückblick lässt Gemeinschaftsgefühl aufkommen und bildet eine wichtige Grundlage für alle weiteren Phasen. Anschließend blickt man ein erstes Mal in die Zukunft und trägt zusammen, was von außen auf

Abb. 4.5 Ablauf einer Zukunftskonferenz

einen zukommen wird, auf was man sich einstellen und wofür man gerüstet sein sollte. Auch das verbindet und es wird für alle spürbar, wo die Herausforderungen der Zukunft liegen. Es entsteht Energie für gemeinsames Handeln.

Am Morgen des zweiten Tages wird die aktuelle Situation beleuchtet. Was läuft schon gut, was weniger gut? Worauf kann man stolz sein und was bedauert man aber vielleicht auch? Was will man in eine gemeinsame Zukunft mitnehmen, was eher dalassen? Und dann geht es an den Entwurf einer gemeinsamen Vorstellung von der Zukunft. Zunächst visionieren kleine Gruppen und erschaffen eine Bildhafte und lebendige Vorstellung vom Zustand, den man in X Jahren erreicht haben möchte. In kreativen Inszenierungen werden diese Zukunftsbilder lebendig für alle vorstellbar und erlebbar. Am zweiten Abend und dem darauffolgenden Morgen kommt der wichtigste Schritt zu einer gemeinsamen Zukunft: die Gemeinsamkeiten in den verschiedenen Zukunftsbildern werden herausgeschält und zu einer von allen getragenen Vision zusammengetragen. In der letzten Phase werden auf diesem Fundament aufbauend Maßnahmen, Aktivitäten und Projekte geplant." (Agonda 2009–2016)

Neben diesem Großgruppenverfahren gibt es eine Fülle von weiteren Beteiligungsmethoden, aus denen Methoden zur Beteiligung an Planungsprozessen ausgewählt werden, die zwischen Partizipations- und Vertretungsansätzen stehen.

Methoden zur Beteiligung an Planungsprozessen
Planzelle
Eine der beiden ausgewählten Methoden zur Beteiligung an Planungsprozessen ist die Planzelle (Dienel 2005). Sie besteht aus Bürgern, die als Vertreter einer betroffenen Bevölkerungsgruppe an Planungen teilnehmen. Diese Bürger werden nicht gewählt, sondern nach verschiedenen objektiven Gesichtspunkten zusammengesetzt. Das Verfahren wird am Beispiel eines Bürgergutachtens der Stadt Aachen vorgestellt. Dieses Bürgergutachten wurde von 94 Bürgern erstellt, die sich an insgesamt acht Tagen (12.–15. und 19.–22. November 2007) an vier Planungszellen beteiligt haben.

Das Verfahren
Das Planungszellenverfahren ist ein Instrument zur Beteiligung von Bürgerinnen und Bürgern an politischen Entscheidungsprozessen. Es wurde Anfang der 1970er-Jahre an der Bergischen Universität Wuppertal entwickelt und ist seither vielfach auf nationaler und internationaler Ebene eingesetzt worden. Leitgedanke der Planungszelle ist es, den Bürgerinnen und Bürgern die Möglichkeit zu geben, ihre Meinung, ihre Lebenserfahrung und ihren Sachverstand konstruktiv in politische Entscheidungsprozesse einzubringen. Die Entwicklung einer neuen Abfallgebührenordnung unter Einbeziehung der Bürger durch die Planungszelle bedeutet ausdrücklich keine Planung „von oben". Vielmehr werden gemeinsam mit den Betroffenen konkrete Maß-

nahmen entwickelt, die aus ihrer Sicht zur Verbesserung der Lebensbedingungen vor Ort beitragen können. Die Ergebnisse der Planungszellen geben Aufschluss darüber, welche Veränderungsstrategien die Bürgerinnen und Bürger erwarten und an welchen Maßnahmen sie bereit sind sich aktiv zu beteiligen.

Zufallsauswahl der Teilnehmenden
Eine Planungszelle besteht aus ca. 25 Personen, die im Zufallsverfahren aus dem Einwohnermelderegister der Gemeinden ausgewählt werden. Die Zufallsauswahl steigert die Akzeptanz der Ergebnisse, denn die Teilnehmenden kommen aus allen gesellschaftlichen Bereichen. Es werden Menschen erreicht, die zuvor noch nie an politischen Aktivitäten teilgenommen haben. Die „bunte" Mischung sorgt dafür, dass Menschen miteinander reden, die normalerweise keinen Kontakt zueinander haben.

Mehrtägige, intensive und sachorientierte Arbeit
Die Bürgergutachter arbeiten vier Arbeitstage lang nach einem festen Arbeitsprogramm an der gestellten Aufgabe. Das Arbeitsprogramm bietet die notwendige Zeit zur Information, Erörterung und Entscheidungsfindung, ist aber zugleich auch ein begrenzender Rahmen, der ein Ausufern der Diskussion verhindert. Für ihre Arbeit werden die Bürgergutachter von ihren alltäglichen Verpflichtungen freigestellt und vergütet. Da die Tätigkeit zeitlich befristet ist, entwickeln die Teilnehmenden kein Eigeninteresse über ihre begutachtende Tätigkeit hinaus.

Neutrale Organisation und Begleitung des Verfahrens
Das Verfahren arbeitet zwingend ergebnisoffen. Die Vorbereitung, Durchführung und Ergebnisauswertung liegen in den Händen des Durchführungsträgers.

Strukturiertes Arbeitsprogramm
Der methodische Ablauf der Planungszelle ist präzise strukturiert. Der Durchführungsträger unterteilt die gestellte Aufgabe in einzelne, thematisch spezifizierte Arbeitseinheiten. Jede Arbeitseinheit wird in ihrem zeitlichen Ablauf mit exakt bemessenen Zeitschritten unterteilt. Alle Planungszellen arbeiten nach dem gleichen Programm.

Information durch Expertinnen und Experten
Die Bürgergutachter werden von Experten aus der Wissenschaft, von Verbänden und Interessenvertretungen über die verschiedenen Themenbereiche informiert. Wo es zweckmäßig ist, werden mehrere Referenten eingesetzt, sodass kontrovers informiert wird. Die Referate dienen als Impuls für die Diskussion der Bürger, deren Alltagswissen durch die Sachinformationen ergänzt wird.

Politikeranhörung

Die Politikeranhörung bietet die Möglichkeit einer sachorientierten, moderierten Diskussion zwischen den Bürgern und den Abgeordneten der Parteien.

Kleingruppendiskussion

Besprochen und diskutiert werden die einzelnen Sachinformationen und Probleme ausschließlich in der unmoderierten Kleingruppe. Die Kleingruppendiskussion fördert zum einen den Meinungsbildungsprozess der Bürgergutachter und setzt des Weiteren die erhaltenen Sachinformationen in Bezug zu ihren persönlichen Erfahrungen. In das Kleingruppengespräch bringen auch wenig gesprächserfahrene Personen ihre Meinung mit ein. Die Kleingruppen werden in jeder Arbeitseinheit nach einem Rotationsverfahren neu zusammengesetzt. So wird die Bildung von Meinungsführerschaft verhindert und eine faire Diskussion erreicht. Die Ergebnisse der Kleingruppenarbeit werden im Plenum präsentiert und gesammelt. Anschließend erhält jeder Teilnehmer die Möglichkeit, alle Empfehlungen individuell durch Vergabe von Punkten zu bewerten.

Neutralität in der Moderation

Die Moderatoren führen durch das Arbeitsprogramm, erläutern die Abläufe der einzelnen Arbeitseinheiten und achten auf den Zeitplan. Sie nehmen weder auf die Inhalte des Programms noch auf die Vermittlung der Sachinformationen Einfluss.

Das Gutachten

Die erarbeiteten Ergebnisse und Bewertungen der Bürgergutachter werden in Form eines Bürgergutachtens zusammengefasst. Das Gutachten enthält eine Beschreibung der Aufgabenstellung und des Verfahrens sowie eine Darstellung des Auswahlverfahrens und des Ablaufes der Planungszellen. Kernstück des Gutachtens sind die verdichteten und analysierten Daten in Form von Texten, Zahlen und Tabellen. So wird der gesamte Entstehungsprozess des Bürgergutachtens transparent und nachvollziehbar. Vor der Veröffentlichung wird das Bürgergutachten von Vertreterinnen und Vertretern aus den Planungszellen geprüft."

(Bürgergutachten Aachen, Aachen 2008, S. 14–16, Quelle: http://www.oegut. at/downloads/pdf/p_buergergutachten-aachen.pdf) Zugegriffen: 1.09.2021

Anwaltsbeteiligung

Eine andere Methode ist die Anwaltsbeteiligung, in deren Mittelpunkt oft Randgruppen stehen. Diesen Gruppen wird eine sachverständige Person (Anwaltsfunktion) zur Seite gestellt, die ihnen hilft, ihre Vorstellungen und Ziele zu formulieren, und die die Vorstellungen dieser Gruppen vertritt. (Die Anwaltsfunktion kann nur dann wahrgenommen werden, wenn sie freigehalten wird von Abhängigkeiten und Rollenkonflikten.) Die Anwaltsplanung wurde z. B. von der Stadt Hannover bei der Stadtentwicklung eingesetzt:

Anwaltsbeteiligung in der Stadtentwicklung

Die Stadt Hannover hatte im Jahr 1995 in einem Ratsbeschluss entschieden, die Bürgerinnen und Bürger in die weitere Entwicklung der Stadt einzubeziehen. Dies sollte durch eine mit Fragen der Stadtentwicklung befasste Anwaltsplanung gelingen. Zur Unterstützung wurde das Bürgerbüro Stadtentwicklung ins Leben gerufen.

Ort Hannover

Begonnen September 1995

Hintergrund

Durch das Bürgerbüro Stadtentwicklung möchte die Stadt zur öffentlichen Erörterung von Problemen und Projekten beitragen. Die Arbeit des Büros wird zwar überwiegend von der Stadt finanziert, ist aber trotzdem inhaltlich und organisatorisch unabhängig.

Ziel

Verbessert werden soll die Einbeziehung der Bürger in Planungen und Prozesse, unter anderem durch die Stärkung ihrer aktiven Auseinandersetzung mit Projekten vor Ort. Das Stadtteilbüro trägt zu einem offenen, transparenten und variablen Planungsprozess bei und begleitet diesen durch methodisch geschultes Personal.

Prozess

Die Mitarbeitenden greifen Anregungen, Fragen und Probleme vonseiten der Bürgerschaft auf und leiten sie an die zuständigen Stellen weiter oder recherchieren selbst. Initiativen, Gruppen und Verbände haben über das Büro die Möglichkeit, Informationen auszutauschen oder Aktivitäten zu koordinieren. Sofern gewünscht, werden sie dabei unterstützt. Darüber hinaus setzt sich das Büro auch eigenständig mit Fragen der Stadtentwicklung auseinander und unterstützt andere Aktivitäten und Prozesse, zum Beispiel im Rahmen der lokalen Agenda 21. Außerdem werden auf Stadtteilebene umfassende Beteiligungsprojekte für Jugendliche entwickelt. Hinzu kommen Fachforen, zum Beispiel zum Thema „Kinderfreundliche Stadt". In Veröffentlichungen, Vortragsreihen und Exkursionen setzt sich das Büro auch mit dem Thema Wohnqualität auseinander und versucht, über die Bildung breiter Koalitionen Impulse zu setzen.

Ergebnisse

Trotz Problemen mit der Finanzierung arbeitet das Stadtteilbüro weiterhin an den genannten Themen und konnte bereits zahlreiche Projekte bei der Umsetzung unterstützen.

Externe Links

http://www.bbs-hannover.de/
Kontakt
Bürgerbüro für Stadtentwicklung
Braunstr. 28
D-30169 Hannover
Telefon: (05 11) 7 00 09 34
Telefax: (05 11) 7 01 07 60
E-Mail: buergerbuero-stadtentwicklung(at)t-online.de

(Anwaltsplanung bei der Stadtentwicklung in Hannover, zuletzt bearbeitet: 12.06.2013, Autor: Ulrich Rüttgers http://www.beteiligungskompass.org/article/show/804)

4.2.3 Ideenfindungs- und Lösungsmethoden

Design Thinking

Eine aktuell viel diskutierte Methode, um Lösungen für komplexe Anforderungen zu finden, ist das Design Thinking. Die Methode gilt als eine der Herangehensweisen im Umgang mit den verflochtenen Anforderungen der modernen „VUCA"-Welt[1] und wird insbesondere in der Digitalwirtschaft genutzt. Interdisziplinäre Teams versuchen mit kreativen Methoden Problemlösungen zu finden. Dabei stehen die Nutzerwünsche und -bedürfnisse im Mittelpunkt.

Das Verfahren orientiert sich an der Arbeit von Designern, die als eine Kombination aus Verstehen, Beobachtung, Ideenfindung, Verfeinerung, Ausführung und Lernen verstanden wird (Abb. 4.6).

Design Thinking: Verstehen, Beobachten, Sichtweisen festlegen, Ideen finden, Prototypen entwickeln und testen

- „Verstehen: In der Phase des Verstehens steckt das Team den Problemraum ab.
- Beobachten: In der Phase des Beobachtens sehen die Teilnehmer nach außen und bauen Empathie für Nutzer und Betroffene auf.
- Sichtweise definieren: In dieser Phase geht es darum, die Sichtweise zu definieren. Es werden die gewonnenen Erkenntnisse zusammengetragen und verdichtet.

---

[1] Mit dem Begriff „VUCA" werden volatile (**v**olatile), unsichere (**u**ncertain), komplexe (**c**omplex) und vieldeutige (**a**mbiguous) Umwelten (Hofert 2016, S. 235) bezeichnet. Der Begriff stammt ursprünglich aus dem Militär, das sich in Zeiten von Cyberattacken und asymmetrischer Kriegsführung mit einer völlig veränderten Bedrohungslage auseinandersetzen muss.

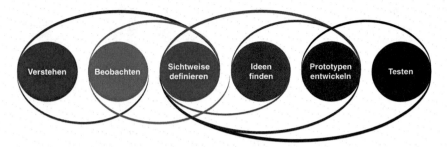

Abb. 4.6 Der Design-Thinking-Prozess (Quelle: https://hpi-academy.de/design-thinking/ was-ist-design-thinking.html) Zugegriffen: 1.9.2021

- Ideen finden: In der Phase Ideen finden entwickelt das Team zunächst eine Vielzahl von Lösungsmöglichkeiten, um sich dann zu fokussieren.
- Prototypen entwickeln: Das anschließende Prototypen dient der Entwicklung konkreter Lösungen, die an den passenden Zielgruppen getestet werden können". (HPI Academy o. J.)

Design Thinker arbeiten mit Klebepistolen, Kärtchen, Moderationswänden und allerlei anderen Dingen, um kreative Lösungen zu kreieren.

Nicht unerwähnt bleiben sollten aber auch die klassischen Kreativitätstechniken.

Kreativitätstechniken

Brainstorming

Es werden alle spontanen Gedanken, die den Teilnehmenden zu einem genannten Thema bzw. Problembereich einfallen, ohne wertende Kommentare gesammelt. Auch noch so ausgefallene Ideen sollen artikuliert werden können, damit möglichst vielfältige und originelle Lösungen für ein Problem gefunden werden.

Die Gruppe sollte nicht zu groß werden, ideal ist eine Größe von 6–8 Personen. Vor dem Beginn des eigentlichen Brainstormings wird festgelegt, wie der Prozess gestaltet wird und wie viel Zeit er in etwa in Anspruch nehmen wird. Ziel ist es, möglichst viele Ideen zu entwickeln, die einzelnen Beiträge sollen kurz gehalten werden. Die Gruppe wählt einen Moderator, der auf die Einhaltung der Brainstormingregeln achtet:

Der Moderator hält den Ideenfluss am Laufen, sorgt für die Einhaltung der Regeln und stoppt, wenn der Ideenfluss versiegt. Das Brainstorming sollte nicht zu lange dauern, jedoch so lange, bis der Ideenfluss versiegt. Danach erfolgt eine kurze Pause.

In einem weiteren Schritt können die Ideen durch dasselbe oder ein anderes Team sortiert und auf ihre Brauchbarkeit hin bewertet werden.

Brainwriting

Beim Brainwriting schreibt jedes Mitglied der Ideenfindungsgruppe seine Ideen bzw. Lösungsalternativen auf ein Blatt Papier (oder einen speziell vorbereiteten Vordruck) und reicht es weiter.

Arbeitsblatt

Aufgabenstellung		Blatt Nr.:
		Datum:
_____		
_____		

Eine Abwandlung des Brainwriting ist auch als *Methode 635* bekannt.

- Hier schreibt jedes Gruppenmitglied einer sechsköpfigen Gruppe 3 Ideen auf einen Vordruck, der dann 5 Mal weitergegeben wird. Jeder Teilnehmer schreibt in die ersten Zeilen drei Ideen. Die Bögen werden im Uhrzeigersinn weitergereicht. Jeder kann sich nun von den Ideen des Vorgängers inspirieren lassen und die Idee ergänzen und weiterentwickeln oder er entwirft neue Ideen. Die Arbeitsbögen werden so lange weiter herumgereicht, bis jeder Teilnehmer auf jedem Arbeitsblatt Ideen vermerkt hat.
- Anschließend werden wie beim Brainstorming die Ideen diskutiert und von derselben oder einer anderen Gruppe systematisch ausgewertet.

Mindmap

Eine Mindmap ist eine Darstellungsform, die Texten und Gedanken eine übersichtliche Struktur geben kann. Ein Begriff, der ein Problem oder Thema umreißt, wird in den Mittelpunkt gestellt. Bei einer Mindmap beginnen die Notizen mit der Zentralidee in der Mitte des Blattes. Um dieses Zentrum entsteht eine Art Landkarte des Gedachten, Gefühlten, des Erinnerten oder Geplanten und Erwünschten. Ausgehend von der Zentralidee werden Teilbereiche assoziiert, die mit dieser Idee zusammenhängen. Die wichtigsten Aspekte werden auf Linien geschrieben, die mit der Zentralidee verbunden sind (sog. Hauptäste). Die Hauptäste gliedern sich in Unterverzweigungen (sog. Nebenäste oder Zweige).

Oftmals geht es bei der Governance nicht nur um Beteiligung und Problemlösungen, sondern auch um den Umgang mit unterschiedlichen Interessen, die sich in Konflikten niederschlagen können. Eine wirksame Konfliktlösungs- und Interessenausgleichsmethode ist die Mediation, die zwischen Institutionen und Individuen wie auch zwischen und innerhalb von Institutionen zum Tragen kommen kann.

4.2.4 Mediation als Konfliktlösungs- und Interessenausgleichsmethode

In den USA ist die Mediation schon seit Langem als komplementäre Konfliktlösungs- und Interessenausgleichsmethode etabliert, während in Deutschland erst seit Anfang der 90er-Jahre über Mediation diskutiert wird. In der Bundesrepublik Deutschland werden Konflikte meist ressourcenintensiv durch Gerichte anhand von Gesetzen entschieden, wobei Anwälte um die Entscheidung der Richter kämpfen. Das Handwerkszeug der Anwälte besteht darin, die Wirklichkeit so darzustellen, dass sie für die eigene Partei günstig und für die gegnerische Partei ungünstig erscheint. Es geht also um Sieg und Niederlage und der Konfliktlösungsmechanismus ist kollusiv. Jede juristische Entscheidung ist eine delegierte Entscheidung, weil sie von einem Dritten gefällt wird. Im Gegensatz dazu versuchen die Betroffenen bei der Mediation gemeinsame, tragfähige Lösungen unter Beachtung bestehender Rechtsnormen zu entwickeln.

Mediative Konfliktlösungs- und Interessenausgleichslösungen können zwischen zwei Personen, innerhalb von Gruppen (z. B. in Organisationen) oder zwischen Institutionen (z. B. in Form der mediativen Schlichtung) zum Tragen kommen.

Durch die Mediation soll die Dialog-, Kooperations- und Gestaltungsfähigkeit gefördert werden, damit unterstützt von einem Mediator faire, zufriedenstellende, tragfähige und rechtsverbindliche Vereinbarungen entwickelt werden können. Im Gegensatz zu juristischen Verfahren geht es nicht um Sieg oder Niederlage, Angriff oder Verteidigung, sondern um ein gemeinsames Aushandeln und somit um Kooperation und Konsens.

Mediatoren sind Vermittler im Konflikt und als solche nicht für die Konfliktlösung oder den Interessenausgleich, sondern für das Verfahren verantwortlich. Die Lösungen werden von den Partnern selbst erarbeitet. Aufgabe der Mediatoren sind die Schaffung eines Entscheidungsspielraums, einer konstruktiven Gesprächsatmosphäre und die Strukturierung von Handlungsprozessen, um Konfliktsituationen konstruktiv aufzulösen.

Die Konfliktpartner sind für das Mediationsergebnis selbst verantwortlich und begeben sich freiwillig in die Mediation. Sie sollen von keiner Seite zu Ergebnissen gedrängt, in ihrer Selbstbestimmung nicht beschränkt werden, ihre Interessen und Bedürfnisse selbst wahrnehmen, für sich selbst einstehen und nicht durch Anwälte vertreten werden. Entscheidungen werden nicht an Richter delegiert.

Die Konfliktpartner müssen ausreichend informiert sein, d. h. Gelegenheit haben, alle Informationen, die entscheidungserheblich sind, in ihrer Tragweite zu erkennen und zu gewichten, um sich der Konsequenz der Entscheidung voll bewusst zu werden. Gleichzeitig werden alle Beteiligten verpflichtet, Informationen, die sie in der Mediation gewonnen haben, bei keinem juristischen Verfahren auszunutzen.

Die Konfliktparteien müssen ein wirkliches Interesse an der Lösung des Konflikts haben und in der Lage sein, ihre Interessen und Bedürfnisse auszudrücken. Es darf keine extremen Machtunterschiede zwischen den Partnern geben.

Von Mediatoren wird erwartet, dass sie eine allparteiliche neutrale Haltung den Partnern gegenüber einhalten. D.h., sie treten in einem gerichtlichen Verfahren nicht als Zeuge auf und vertreten die Parteien auch nicht als Anwalt. Sie haben eine Prozessmanagementfunktion und sind für die Gestaltung des Mediationsprozesses und die Schaffung geeigneter Rahmenbedingungen verantwortlich. Weiterhin haben sie eine Katalysatorfunktion, beschleunigen Prozesse und bilden die Brücke zur Verständigung zwischen den Konfliktpartnern. Neben der Beherrschung von Managementtechniken brauchen sie psychische Stärke, weil die Konfliktpartner oftmals Aggressionen und Rachegefühle gegeneinander haben und es Zeit braucht, bis sie sich auf sich selber besinnen und ihre eigenen Interessen formulieren können.

Da die Qualifikation von Mediatoren nicht eindeutig geregelt ist und in der Folge Juristen, Psychologen, Sozialpädagogen u. a. in dieses Feld strömen, sind keine einheitlichen Ergebniserwartungen an eine Mediation zu erwarten.

Das Mediationskonzept ist in einen systemisch orientierten Lernkontext einzuordnen. Es fördert Lernprozesse im Sinne von selbstverantwortlichem, gemeinsamem Verändern, also ein koevolutionäres Handeln. Als koevolutionärer Ansatz beruht die Mediation darauf, Lösungen zu finden, die im Sinne einer „Win-win"-Strategie für beide Parteien fruchtbar sind. Es geht darum, Menschen zu befähigen, Konflikte als Anlass für Lernhandlungen zu sehen. Eine entscheidende Methode der Mediation besteht deshalb darin, Konflikte nicht negativ, sondern als funktional für das System wahrzunehmen, um neue Wege entwickeln zu können, die ebenfalls funktional, aber konstruktiv sind.

Von der Problemerkennung über Planung und Strategie der Mediation bis hin zur Ausführung unter Berücksichtigung der Mediatoren werden Prozesse in einem ähnlichen Kontext behandelt wie in der systemischen Familientherapie oder der systemischen und lernorientierten Organisationsentwicklung. Daher werden auch Methoden der systemischen Familientherapie wie das zirkuläre Fragen, Reframing, positive Konnotation, paradoxe Intervention etc. in der Mediation eingesetzt. Allerdings geht es im Gegensatz zur Therapie nicht um Heilung oder um die Aufarbeitung seelischer Konflikte, sondern um das Aushandeln fest umrissener Fakten.

Aufgabe der Mediatoren ist es, katalytisch Prozesse zu beschleunigen und am Instabilitätspunkt des Systems einen neuen stabilen Zustand einzuleiten. Sie sind teilnehmend auf die Parteien hin ausgerichtet, ohne parteilich zu sein (Tab. 4.1).

Der Mediationsprozess orientiert sich an einem Phasenmodell bestehend aus einer Vorbereitungs-, Diagnose-, Konfliktlösungs-, Umsetzungs- und Evaluationsphase (Abb. 4.7).

Bevor mit der Mediation begonnen wird, müssen die Konfliktpartner einen Mediator auswählen. Dieser erläutert seine Rolle und seine Aufgaben, die Regeln und Ziele der Methode und weist auf Vor- und Nachteile, Alternativen sowie auf Chancen und Risiken hin. Er erläutert den Ablauf, die Kosten und die Voraussetzungen der Mediation und eruiert die Motivation und Eignung der Konfliktpartner für die Mediation. Wenn die Partner zur Mediation bereit sind, werden die Themen der Konfliktregelung festgelegt und ein Mediationsvertrag geschlossen.

Tab. 4.1 Mediationsmethoden (Eigene Darstellung)

Konfliktpartner	Mediator
• ausreden lassen • keine Beleidigungen oder Handgreiflichkeiten • Ich-Botschaften • „Win-win"-Strategie • Konflikte funktional wahrnehmen • Konflikte als Anlass für Lernhandlungen wahrnehmen	• aktives Zuhören • nur eingreifen, wenn es erforderlich ist • Einzelgespräche • Ideenfindungstechniken • zirkuläres Fragen • positive Konnotation • paradoxe Intervention • Anschlussfähigkeit • festgefahrenes Klientensystem stören • katalytisch Prozesse beschleunigen • neuen stabilen Zustand einleiten und festschreiben

Die Diagnosephase dient der Sammlung von Informationen und der Identifika-
tion der Streitfragen. Zur Diagnosephase gehört in einem ersten Schritt die
Beteiligtenanalyse. Es stellt sich die Frage, wer an dem Konflikt beteiligt ist und
inwiefern der Konflikt funktional zur Stabilisierung der Beziehung ist. Der Mediator bekommt durch seine Neutralität und durch Techniken wie z. B. die der parado-
xen Intervention Zugang zum System. Er versucht die Funktionalität des Konflik-
tes zu eruieren, um das kollusive System stören zu können.

Zur Diagnose gehört insbesondere die Konfliktanalyse. Die Beteiligten erläutern ihre Sichtweise des Konflikts. Hierzu gehören auch verborgene Gefühle und
Hintergründe und subjektive Bedürfnisse, Interessen und Wünsche. Der Mediator
stellt durch aktives Zuhören sicher, dass die Konfliktbeschreibung vollständig ist.
Um den Konflikt detailliert beschreiben und analysieren zu können, wendet er die
Technik des zirkulären Fragens an. Es geht darum, Unterschiede zu definieren und
zu beschreiben, um damit ein differenziertes Bild von der Konfliktsituation zu
bekommen.

Im Zuge der Konfliktanalyse kommt es zu einer direkten Kommunikation zwischen den Konfliktparteien, die Voraussetzung für die Entwicklung einer Konfliktlösung ist.

In der Konfliktlösungsphase werden in einem ersten Schritt die Ziele der Mediation (unter Beachtung der Sach-, Beziehungs- und Prozessebene) und in einem
zweiten Schritt Lösungsmöglichkeiten im Sinne von Handlungsoptionen entwickelt. Hierbei werden Ideenfindungstechniken (Brainstorming, Mindmapping etc.)
eingesetzt. Kuhn fordert, Lösungen genau zu beschreiben. Hierzu sollte sich der
Mediator an Interessen und Ressourcen orientieren (Kuhn 1999, S. 56). Es werden

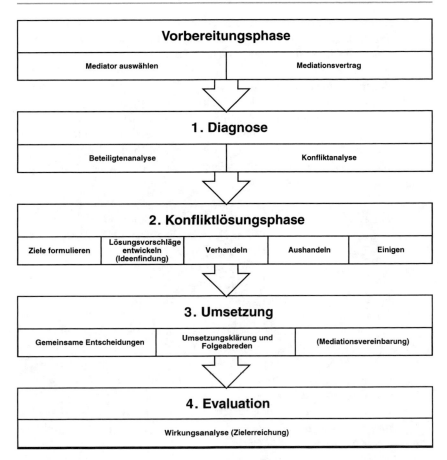

Abb. 4.7 Schritte der Mediation (Eigene Darstellung)

mehrere Lösungshypothesen gebildet und ausgehend von diesen Hypothesen Lösungswege durchgespielt und bewertet.

In der Umsetzungsphase geht es darum, die Lösungsvorstellungen umzusetzen. Hierbei gilt es neben der inhaltlichen und finanziellen auch die rechtliche Ebene zu beachten. Es wird ein Umsetzungsplan mit differenzierten Absprachen, Verantwortlichkeiten und Realisierungsschritten festgelegt. Leistungen und Gegenleistungen sollten ausgewogen sein. Das Ergebnis wird als Mediationsübereinkunft in Vertragsform dokumentiert und unterschrieben.

Die Evaluationsphase dient der Überprüfung und Korrektur der Übereinkunft.
Anhand von nachprüfbaren Indikatoren zur Zielerreichung wird als Wirkungsana-
lyse untersucht, ob die Ziele der Mediation erreicht wurden.

Der Mediationsansatz kann in Governancebezügen zum Tragen kommen,
z. B. bei Standortentscheidungen für Großprojekte, im Umweltschutz oder in der
Stadterneuerung, wenn Einzelne oder Bürgerinitiativen beteiligt werden. So bei
der institutionalisierten Betroffenenbeteiligung in Stadtteilausschüssen, Bürger-
konferenzen oder -anhörungen. Techniken wie z. B. Planzellen, Zukunftskonferenzen oder Stadtteilkonferenzen sind die zugehörigen Methoden. Zu nennen sind
auch Schlichtungsverhandlungen. Ein bekanntes Beispiel war die „Schlichtung
Stuttgart 21".

Stuttgart 21

*„Es ist das umstrittenste Bauprojekt Deutschlands: Der Umbau des Stutt-
garter Hauptbahnhofs vom Kopf- zum Durchgangsbahnhof – "Stuttgart 21".
Der Bahnhof soll samt Schienennetz unter die Erde verlegt sowie an den
Flughafen angebunden werden. Zusätzlich soll eine neue Hochgeschwindig-
keitsstrecke von Wendlingen nach Ulm gebaut werden. Stuttgart 21 soll nach
derzeitiger Planung rund 4,1 Milliarden Euro kosten, die Neubaustrecke
Wendlingen-Ulm 2,9 Milliarden Euro. Seit vielen Jahren streiten Politiker,
Planer und Bürger über das Mega-Projekt.*

*Stuttgart 21 spaltet Stuttgart und bewegt Baden-Württemberg. Befürwor-
ter und Gegner stehen sich bisher scheinbar unversöhnlich gegenüber. Seit
Beginn der Abbrucharbeiten am Nordflügel des Stuttgarter Hauptbahnhofs
nehmen die Proteste gegen Stuttgart 21 zu. In den Augen vieler Bürgerinnen
und Bürger waren mit S21 mehr ökologische, geologische und finanzielle
Risiken als wirtschaftlichen Chancen verbunden. Bei einer Demonstration
am 30. September kam es zur Konfrontation der Protestbewegung mit der
Polizei mit der Folge von über 100 Verletzten, darunter zwei Schwer-
verletzten.*

*Zwei Versuche, Projektbefürworter und -gegner an einen Tisch zu brin-
gen, um die Lage zu deeskalieren, waren gescheitert. Erst mit der Berufung
von Heiner Geißler als S21-Schlichter kam wieder Bewegung in den Dialog.*

*Es war klar, dass das Ergebnis der Schlichtung keine rechtliche, dafür
aber eine psychologische und politische Bindung haben kann. Bürgerinitiativen, Politker und Bahnvorstände hatten sich zusammengesetzt und miteinander geredet. Die Debatte wurde erstmals auf Augenhöhe geführt. Mit der
Schlichtung wurde eine Transparenz geschaffen, die es der Form bislang
nicht gegeben hatte. Interessierte Bürgerinnen und Bürger konnten die*

Schlichtung im Fernsehen und im Internet verfolgen. Die gesamte Argumentation beider Seiten konnte vor einem Millionenpublikum dargestellt werden.

Nach der Schlichtung hat sich die Stimmung in Baden-Württemberg zugunsten von S21 gedreht. Eine repräsentative Umfrage im Auftrag des SWR und der Stuttgarter Zeitung ergab, dass inzwischen 54 Prozent der Befragten in Baden-Württemberg grundsätzlich für das Projekt sind, 38 Prozent sprechen sich dagegen aus. Infratest dimap hatte am 1. Dezember, einen Tag nach Geißlers Schlichterspruch, 1.010 Wahlberechtigte im Land telefonisch befragt.

Der Schlichterspruch von Heiner Geißler

Ein wichtiges Ziel der Schlichtung war, durch Versachlichung und eine neue Form unmittelbarer Demokratie wieder ein Stück Glaubwürdigkeit und mehr Vertrauen für die Demokratie zurückzugewinnen.

Mit dem Kopfbahnhof 21 gebe es eine durchaus attraktive Alternative, die jedoch ganz konkrete Nachteile hat. Der am schwersten wiegende Nachteil läge darin, dass aus heutiger Sicht eine Verwirklichung des Kopfbahnhofs 21 nicht als gesichert angenommen werden kann, da weder ausreichende Planungen und deshalb auch keine Planfeststellungen, also Baugenehmigungen vorliegen. Auch die Finanzierung sei nicht geklärt, die Kosten für K21 würden unterschiedlich eingeschätzt.

Für Stuttgart 21 dagegen gibt es eine Baugenehmigung, und dies ist für die Deutsche Bahn AG gleichbedeutend mit einem Baurecht. Der Bau von Stuttgart 21 käme nur dann nicht, wenn die Bahn AG freiwillig darauf verzichten würde.

*Ein Kompromiss zwischen Stuttgart 21 und einem Kopfbahnhof 21 war laut Geißler nicht möglich. Jedoch müssten berechtigte Kritikpunkte der Gegner in die Planungen für S21 einbezogen werden. Geißler hält es für richtig, Stuttgart 21 fortzuführen. Die Bahn habe das Baurecht. Bei einem Ausstieg aus Stuttgart 21 entstünden den Projektträgern, insbesondere der Bahn AG, hohe Kosten, die von den S21-Gegnern auf 600 Millionen Euro, von der Bahn auf gut 2,8 Milliarden Euro beziffert werden. Aus Stuttgart 21 müsse **Stuttgart 21 Plus** werden, die die Anregungen aus der Schlichtung aufnimmt.*

Geißler präsentierte seine Verbesserungsvorschläge für S21, die nach seinen Angaben von beiden Parteien akzeptiert wurden:

1. *Die durch den Gleisabbau freiwerdenden Grundstücke müssen in eine Stiftung überführt werden und der Spekulation entzogen werden.*
2. *Die Bäume im Schloßgarten bleiben erhalten und gegebenenfalls umgepflanzt.*
3. *Die Gäubahn bleibt erhalten.*

4. *Die Vorschläge der Stuttgarter Feuerwehr zu Brandschutzmaßnahmen wer-*
   den beim Tiefbahnhof berücksichtigt.
5. *Die Verkehrssicherheit im geplanten Tiefbahnhof soll von der Bahn entscheidend*
   verbessert werden. S21 wird behindertengerecht und barrierefrei ausgestattet.
6. *Der Tiefbahnhof muss um ein neuntes und zehntes Gleis erweitert werden.*
   Dazu komme eine zweigleisige westliche Anbindung des Flughafen Fern-
   bahnhofs an die Neubaustrecke und eine zweigleisige und kreuzungsfrei an-
   gebundene Wendlinger Kurve.
7. *Die Bahn verpflichtet sich, einen Stresstest vorzunehmen, um die 30-prozen-*
   tige Steigerung der Bahnhofskapazität in der Spitzenstunde nachzuweisen.

Ein Baustopp bis zur Landtagswahl war sowohl von der Regierung als
auch von der Bahn abgelehnt worden. Es sei damit zu rechnen, dass der
Protest trotz S 21 Plus anhalten wird.

Geißler stellte fest, die Schlichtung als solche, die Art und Weise der Dis-
kussion, habe in der Bevölkerung ein überaus positives Echo gefunden. Er
wünsche dem Stuttgarter Demokratie-Modell eine weite Verbreitung in
Deutschland." (Landeszentrale für politische Bildung 2016)

Neben den Beteiligungs- und Konfliktlösungs- und Interessenausgleichsmetho-
den sind u. a. auch Aktivierungsmethoden zu nennen, um Akteure zu gemeinsamem kollektivem Handeln anzuregen.

4.2.5 Aktivierungsmethoden

Aktivierungsmethoden orientieren sich an einer Redundanzerhöhung des Systems.
Statt auf Effektivität und Effizienz abzuzielen, geht es, nach dem Motto „Lasst
tausend Blumen blühen", darum, Freiräume zu schaffen und Möglichkeiten zu eröffnen. Wie dies in der Praxis aussehen kann, wird am Beispiel des niedersächsischen Jugendinitiativen-Wettbewerbs „Youth Team-Contest" gezeigt.

**Der niedersächsische Jugendinitiativen-Wettbewerb „Youth Team-
Contest 03104"**
Der niedersächsische Jugendinitiativen-Wettbewerb „Youth Team-Contest
03104" wurde vom Jugendverband des Paritätischen Niedersachsen e.V. durchgeführt. Ziel des Projektes war es, Selbstorganisationsprozesse von Jugendinitiativen in Niedersachsen zu unterstützen und zur Bildung von sozialem
und symbolischem Kapital beizutragen. Hierfür stand ein Mitarbeiter zur

Verfügung, der im Sinne des Governanceansatzes 300 Jugendliche im Alter von acht bis 30 Jahren in 25 Initiativen unterstützte. Fünf der Jugendinitiativen gehörten junge Menschen mit individuellen Beeinträchtigungen und/ oder sozialer Benachteiligung an. Es handelte sich um Jugendliche aus benachteiligten Quartieren und/oder mit Migrationshintergrund.

Akteure der Governance müssen, wenn sie Selbsthilfeinitiativen von Jugendlichen aktiv fördern wollen:

1. in einem ersten Schritt „die Strukturen des Sozialraums bzw. seine Kontrollparameter" untersuchen und ggf. verändern. Solange die Kontrollparameter eines Systems stabil sind, bleibt auch das System stabil. Erst dann, wenn sich die Kontrollparameter eines Sozialraums ändern, können sich auch seine Strukturen ändern. Die Lebenswelt der Jugendlichen hat sich verändert und der mediale Kontext hat an Bedeutung gewonnen. Doch nicht nur die Lebenswelt und die Interessen der Jugendlichen, sondern auch die der Gesellschaft haben sich verändert, Stichwort: PISA-Debatte, Bildungsdiskussion etc. Diese Veränderungen des Sozialraums gilt es wahrzunehmen und zu nutzen, ebenso wie Veränderungen auf der institutionellen Ebene. So entwickeln beispielsweise im Zuge knapper kommunaler Finanzen Kommunen ein Interesse an Selbstorganisationsprozessen von Jugendlichen, soweit diese preiswerter sind als Fremdorganisationen durch angestellte Sozialarbeiter.
2. In einem zweiten Schritt gilt es, „Instabilitätspunkte im Sozialraum" als Veränderungschance wahrzunehmen, denn jede Instabilität ist ein „Push-Button" im Sinne der Governance.
3. In einem dritten Schritt gilt es, Freiräume für Jugendliche bereitzustellen oder zu sichern, damit sich selbstorganisierte „Ordner der Jugendarbeit" entwickeln können (vgl. Kolhoff 2000) (Abb. 4.8).

I. Veränderung der Kontrollparameter als Handlungsoption im Sozialraum

Dass Selbstorganisationsprozesse von Jugendlichen schnell an ihre Grenzen geraten, wenn die Kontrollparameter des Sozialraums nicht beeinflusst werden können, erlebte beispielsweise die Initiative „Mitternachtssport" in der niedersächsischen Gemeinde Bleckede, die am niedersächsischen Jugendinitiativen-Wettbewerb teilnahm. In dieser Initiative hatten sich Jugendliche zusammengeschlossen, um außerhalb fremdorganisierter Vereinsstrukturen in einem selbstbestimmten und selbstorganisierten Rahmen Sport zu treiben. Die Initiative stieß auf Resonanz. Die Jugendlichen gewannen wichtige Akteure der Region und sie durften eine kleine kommunale Turnhalle nutzen.

Abb. 4.8   Drei Schritte der
Förderung von Selbsthilfeinitiativen

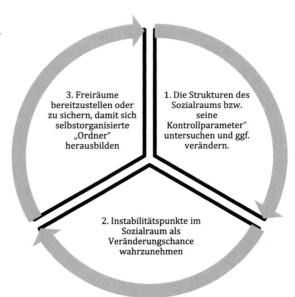

3. Freiräume
bereitzustellen oder
zu sichern, damit sich
selbstorganisierte
„Ordner"
herausbilden

1. Die Strukturen des
Sozialraums bzw.
seine
Kontrollparameter"
untersuchen und ggf.
verändern.

2. Instabilitätspunkte im
Sozialraum als
Veränderungschance
wahrzunehmen

Gleichzeitig wurde den Akteuren der Initiative Wertschätzung nicht nur innerhalb der Peer Group, sondern auch von außen, von den Akteuren der Jugendarbeit, aber beispielsweise auch der Presse entgegengebracht. Die Jugendlichen bildeten soziales und symbolisches Kapital. So ausgerüstet,
warfen sie einen Blick auf eine große schulische Turnhalle und einen Schul-
sportplatz, die ihrer Ansicht nach kaum genutzt wurden. Doch hier gerieten
sie an ihre Sozialraumgrenzen. Sie wurden vom Sportplatz verwiesen. Der
Schulleiter wies darauf hin, dass es sich beim Sportplatz um eine schulische
Einrichtung handele und folglich nur eine schulische Nutzung möglich sei.
Auch die Sozialarbeiter konnten der Initiative nicht weiterhelfen. Schule ist
Ländersache und hier endet der Einfluss der kommunalen Akteure der Jugendarbeit. Zwar können Sozialarbeiter an die Schule appellieren und even-
tuell auch mit Instrumenten der Öffentlichkeitsarbeit versuchen, Veränderungen einzuleiten, doch sind die Handlungsmöglichkeiten begrenzt. Sie
wachsen erst dann, wenn sich die Kontrollparameter des Sozialraums verändern. Beispielsweise wenn es Schulen und Jugendarbeit ermöglicht wird,
mit einem gemeinsamen Handlungsauftrag auf vorhandene Ressourcen zu-
zugreifen. In diesem Sinne wäre es Aufgabe der Governance, neue Sozial-
raumstrukturen auch auf rechtlicher regionaler Ebene zu entwickeln.

Andererseits könnten Sozialarbeiter versuchen, die beteiligten Akteure in einem labilen Gleichgewicht zu halten, und beispielsweise probieren, über interpersonelle Netzwerke einen informellen Kompromiss zu erreichen, was in diesem Fall aber nicht gelungen ist.

II. Instabilitätspunkte als Veränderungschance

In einem anderen Team-Contest-Beispiel musste eine Jugendgruppe ihren Jugendtreff im Dachgeschoss eines Dorfgemeinschaftshauses aufgrund baupolizeilicher Bestimmungen aufgeben. Die Kontrollparameter des Sozialraums hatten sich geändert. In dieser Situation entdeckten die Jugendlichen ein altes Toilettenhäuschen. Die Jugendlichen forderten Mittel für die Renovierung und den Umbau des Toilettenhäuschens zum Jugendtreff und nutzten auch das Argument der baupolizeilichen Schließung ihres alten Treffs.

Jeder Instabilitätspunkt ist bekanntermaßen eine Veränderungschance und für die Governance ein „Push-Button", den es wahrzunehmen und zu nutzen gilt.

Im geschilderten Beispiel konnten die Jugendlichen und ihre Unterstützer den Instabilitätspunkt positiv nutzen und einen neuen stabilen Zustand einleiten. Das Toilettenhäuschen wurde umgebaut und wird jetzt als Jugendtreff genutzt. Auch hier entwickelten Jugendliche insbesondere soziales und symbolisches Kapital.

Veränderungschancen ergeben sich nicht immer von allein. Deshalb gehört zu den Aufgaben der Governance die Initiierung von Instabilitäten – man spricht auch von Störungen (Piaget 1974) oder Perturbationen (Maturana, Varela 1987). So ist beispielsweise ein perfekt hergerichtetes Jugendzentrum für viele Jugendliche unattraktiv. Im Sinne der Herausbildung von Identität, Ich-Stärke und Gruppenzugehörigkeit sind unfertige Räume weitaus attraktiver, die von den Jugendlichen gestaltet werden können und erst dann fertig werden, wenn diese Jugendlichen in das Erwachsenenalter eintreten. Die nächste Jugendgeneration braucht wiederum unfertige Räume, einen Ort zum Gestalten, um eigenes soziales und symbolisches Kapital herausbilden zu können.

III. Freiräume schaffen, Dinge ermöglichen und Ordner sich herausbilden lassen

Neue Strukturen des Sozialraums benötigen neue passungsfähige Lösungsansätze oder Keime. Die Governance sollte bei der Entwicklung solcher Ansätze behilflich sein und die Entwicklung neuer Keime der Jugendarbeit im Sozialraum unterstützen. Im Sinne eines „Lasst 1000 Blumen blühen" geht es

1. in einem ersten Schritt darum, Dinge zu ermöglichen. Es gilt das Motto „Je vielfältiger, desto besser".
   Hierfür ist nicht nur ein Freiraum, sondern auch eine gewisse Ruhe erforderlich. Eine Jugendarbeit, die Selbstorganisationsprozesse von Jugendlichen unterstützen will, muss die Jugendlichen auch in Ruhe lassen können.
2. In einem zweiten Schritt sollten die Keime unterstützt werden, die nicht starr sind, die also auf Störungen reagieren und sich an veränderte Rahmenbedingungen anpassen können, die aber gleichzeitig auch eine innere Stabilität aufweisen, sich also nicht vereinnahmen lassen.

Nur passungsfähige, flexible und dennoch teilstabile Modelle, die sich im Sozialraum selbst entwickelt haben, können zu künftigen Ordnern der Jugendarbeit in der Region werden. Folglich gilt es Initiativen von Jugendlichen, die nicht so ohne Weiteres aufgeben und sich auch nicht ohne Weiteres vereinnahmen lassen, zu unterstützen.

Keime der Jugendarbeit, wie der Initiativen-Wettbewerb sie ins Leben gerufen hat und die zu Ordnern werden sollen, haben nur dann eine Chance, wenn sie gestärkt werden und

3. ihre Konzepte in das System Jugendarbeit zurückgespiegelt werden.

So können sich lokal entwickelte Ansätze und Ideen nur dann regional verbreiten, wenn andere Jugendliche oder Akteure der Jugendarbeit hiervon erfahren.

> Im Rahmen des Team-Contest wurden den Initiativen folglich Instrumente der Öffentlichkeitsarbeit zur Verfügung gestellt. Sie nahmen an Medien-Workshops teil, entwickelten soziales, symbolisches und kulturelles Kapital und verbreiteten ihre Ideen über Presse und Fernsehen. Weiterhin konnten sich einige Initiativen in einem im Rahmen des Team-Contest produzierten Film vorstellen (Hasenbein u. a. 2004). Dieser Film wurde als DVD anderen Initiativen und Akteuren der Jugendarbeit in Niedersachsen zur Verfügung gestellt.

Bei der Aktivierung von Selbstorganisationsvorhaben haben auch Feste eine wichtige Funktion. Sie vertiefen das Gefühl, mit anderen durch gemeinsame Anliegen verbunden zu sein.

Die Internationale Bauausstellung begleitete in den 80er-Jahren Formen der Beteiligung mit Festen. Besonders faszinierend war ein Konzert für eine Violine und 45 Schwingschleifer. Dieses Konzert fand in der Kreuzberger Admiralstraße statt. Hier hatten sich Selbsthilfeprojekte angesiedelt und Mitte der 80er-Jahre kräftig gewerkelt. Die Admiralstraße war eingerüstet und diente in einer lauen Sommernacht als Kulisse für ein Konzert für eine Violine und 45 Schwingschleifer. Eine Violine fing an zu spielen und wurde angeleuchtet. Gegenüber antwortete ein Schwingschleifer und sprühte glühende Späne in den dunklen Sommerhimmel. Ihm antwortete ein anderer Schwingschleifer, bis 45 Schwingschleifer ein eigenartiges Konzert entwickelten. Das Ganze wurde zu einem Selbsthilfe-Happening.

Im Rahmen der Governance geht es darum, unterschiedliche Akteure zu aktiven, kollektiven Handlungen zu bewegen. Aktives gemeinsames Handeln setzt voraus, dass ein entsprechender Handlungsbedarf von vielen Akteuren erkannt wird und sich nicht durch individuelles Handeln befriedigen lässt. Governance ist nur dann sinnvoll und in der Lage, einen Beitrag zu leisten, wenn gemeinsames aktives Handeln gewollt ist. Wie dies in der Praxis wirksam beeinflusst und gestaltet werden kann, wird im folgenden Interview deutlich:

„Governance in der Praxis"
„Lassen Sie mich das an einem Beispiel sagen. Unsere Ausbildungsprojekte, 10 an der Zahl, wie gesagt, haben wir angefangen, indem wir aus allen Gruppen, die uns interessant erschienen, also Arbeitgeber, Arbeitsagentur, Jugendbereich, Schulbereich, und zwar Lehrer, Eltern, Schüler, was hätten wir da noch?

Unternehmen …

Unternehmen usw., haben wir von allen einfach Vertreter zusammengebündelt, … Und demokratisch ausgewählt, wen wir gerade greifen konnten. Dann haben wir die in einen Raum gesperrt und haben in einem ersten Workshop nur die Message verkauft, es gibt was zu tun, und wir wollen es tun auf einer praktischen, sehr pragmatischen, niedrigschwelligen Ebene und haben eine Spielregel verkauft, nämlich, wir suchen alle gemeinsam nach konkreten Projekten. Diese Projekte werden vorgestellt, kriegen ein bestimmtes Zeitraster, und dann kriegen sie ein Entscheidungsraster. Dann haben wir die

Leute nach Hause geschickt und haben gesagt, und jeder von euch ist jetzt aufgefordert, Projekte einzureichen. Wir haben nicht damit gerechnet, dass es einer tut, und diese Rechnung ist auch aufgegangen, aber wir haben es selber getan. Diese … und andere sind eigentlich in meinem Büro an einem kreativen Nachmittag zwischen uns beiden entstanden. Dann haben wir die alle in einer homogenisierten Form aufbereitet, haben eine Arbeitsgruppe einberufen, haben uns bei allen bedankt für die vielen guten Vorschläge, die eingereicht wurden und haben die dann …, dann haben wir gesagt, wir anonymisieren, von wem die sind und haben dann jeden einzelnen Vorschlag diskutiert, 15 Minuten, und danach wurde abgestimmt, und zwar nach einem ganz bestimmten, sehr einfachen Entscheidungsmuster: Wenn sich 3 finden und den Finger heben und sagen, ja, ich bin dafür und bringe mich persönlich in eine Arbeitsgruppe ein, dann war es angenommen, und wenn sich nicht 3 fanden, die sagen, ja, ich investiere Arbeit, war es durchgefallen. Und dann haben auch eins, in der Vorstellung eins erhoben, wo wir sicher waren, dass sich 3 finden, zumal wir die vorher gefunden hatten, und wir haben auf zwei eins gebracht, von dem wir sicher waren, dass sich keine 3 finden, damit auch klar war, es wird nicht jedes durchgewunken. Und die anderen haben wir dann ein bisschen sich selbst überlassen, und auf die Art haben wir, ich glaube, 3 Arbeitsgruppensitzungen, etwa so 15, 16, 17 Projekte durchgehechelt und 10 davon identifiziert, die gemacht werden sollten und haben dann auch vieren, fünfen, sechsen so was Stück um Stück das Laufen beigebracht. Und dann war das Thema irgendwann durch, also, wir hätten weitergemacht, es ist dann aber, wie gesagt, eine Geschäftsführungsentscheidung, es nicht weiterzumachen, aber das war ein Ansatz, wie man Leute, sagen wir mal, dann auch zum Mitmachen bringen kann, und sie dürfen nie vom Gas gehen, also Sie müssen halt … derjenige, der Interesse hat, immer der Einladende sei. Sie müssen die Struktur vorgeben, sie müssen denken wie die anderen, denken,

Sie brauchen sich ja nur selber fragen, wer lädt mich ein, ich sitze da, hoffentlich kommt keine Arbeit für mich raus. Was muss passieren, dass ich trotzdem bereit bin. Also, ich muss den irgendwie motivieren, es muss für den interessant sein. Für wen ist das jetzt interessant? So, dann muss der aber auch an die Arbeit. Wie bringe ich den an die Arbeit. Die Dinge müssen sie alle einmal vorstrukturieren, und sie müssen in so einer Arbeitsgruppe dem Zufall auf die Beine helfen, und sie müssen der Gruppe beim nächsten Mal auch zeigen, das ist schon … das hatten wir gesagt als Ausgangslage, das haben wir versprochen, das haben wir erfüllt, da sind wir schon, wie sind Anfangserfolge, und guck mal, du stehst auf dem Plakat. Von denen, die sie da unten sehen auf den Plakaten, haben viele bei den Projekten fast nicht das Schwarze unterm Fingernagel aktiv dazu getan, aber wir haben sie eingeladen, draufzustehen, weil sie dann auch jeden Fall schon mal dafür sind und nicht mehr dagegen. Da gibt es ganz viele Dinge, und da ist … da haben wir das Know-how, was wir uns selber erarbeitet haben, da drin sicherlich irgendwo auch einiges an Wert und beschreibt auch, was so ein Stück unserer Erfolgsstruktur war." (Kolhoff 2010, S. 220)

Das geschilderte Beispiel kann je nach Sichtweise als Manipulation oder aber als geschickte Methode verstanden werden, mit der es den Initiatoren gelang, ein Governancearrangement zu strukturieren.

4.3 Kontrollfragen zu Kap. 4

4.1. Was ist unter der „Open-Space-Methode" zu verstehen?
4.2. Was ist unter der „World-Café-Methode" zu verstehen?
4.3. Was verstehen Sie unter einer „Zukunftskonferenz"?
4.4. Was verstehen Sie unter „Design Thinking"?
4.5 Was verstehen Sie unter der „Mediationsmethode"?
4.6 Wie können „Selbstorganisationsprozesse" gefördert werden?

Literatur

Agonda (2009–2016): Dialog und Zukunftsprozesse, Zukunftskonferenz nach Marvin Weisbord & Sandra Janoff Methode. In: http://agonda.de/zukunftskonferenz/zukunftskonferenz.htm
Agonda (Agentur für Dialog und Zukunftsprozesse): Was ist eine Zukunftskonferenz? http://agonda.de/zukunftskonferenz/zukunftskonferenz.html. Zugegriffen: 01.07.2021.
Anwaltsplanung bei der Stadtentwicklung in Hannover, zuletzt bearbeitet: 12.06.2013, Autor: Ulrich Rüttgers, http://www.beteiligungskompass.org/article/show/804.
Bürgergutachten Aachen, Aachen 2008, (S. 14–16). http://www.oegut.at/downloads/pdf/p_buergergutachten-aachen.pdf.
Dienel, P. C. (2005). Die Planungszelle. 5. Aufl. Wiesbaden: Westdeutscher Verlag.
Endes, E. (2001), Erfolgsfaktoren des Managements von Netzwerken. Stn. 103 – 121, in: Howald, J., Kopp, R., Flocken, P. (Hrg.): Kooperationsverbünde und regionale Modernisierung, Gabler, Wiesbaden 2001
FAZ (2019): Sind wir alle ein bisschen vuca? F.A.Z. – BERUF UND CHANCE, SAMSTAG, 22.06.2019, https://edition.faz.net/faz-edition/beruf-und-chance/2019-06 22/150c0b9a 76645334f7c382d578b23a50?GEPC=s9.

Hasenbein, F., Mertins, I., & Teams des Youth-Team-Contests 2003/2004 (2004). Jugendinitiativen im Wettbewerb, DVD, Paritätischer Niedersachsen, Hannover.

Häußermann, H., & Siebel, W. (2004). Stadtsoziologie. Eine Einführung. Frankfurt a. M.: Campus.

Herriger, N. (2014). Empowerment in der Sozialen Arbeit. 5. erweiterte und aktualisierte Aufl. Stuttgart: Kohlhammer.

Heuberger, A. (2007). Networking – durch interessante Kontakte zum Erfolg. Berlin: Cornelsen.

Hinte, W. (2008) Sozialraumorientierung: Ein Fachkonzept für die Soziale Arbeit. Vortrag für den Fachtag Sozialraumorientierung in Fulda am 28.05.2008 http://www.fulda.de/fileadmin/buergerservice/pdf_amt_51/sonstiges/Sozialraumorientierung_Vortrag_W. Hinte_28.5.08.pdf.Zugegriffen: 28.08.2014-

Hinte, W., Treeß, H. (2007) Sozialraumorientierung in der Jugendhilfe. Juventa-Verl., Weinheim; München.

Hochschuldidaktik, Methodenbar https://www.uni-due.de/imperia/md/content/zfh/methodenbar_2012.pdf.

Hofert, S. (2016) Agiler führen – Einfache Maßnahmen für bessere Teamarbeit, mehr Leistung und höhere Kreativität. Wiesbaden: Springer Fachmedien.

HPI Academy (o.J.) Was ist Design Thinking?, https://hpi-academy.de/design-thinking/was-ist-design-thinking.html.

Kolhoff, L. (2000). Schlüsselbegriffe des Systemischen Sozialmanagements. (S. 208–214). Soziale Arbeit 6.

Kolhoff, L. (2010). Innovationen durchsetzen. Das Konzept der Regional Governance in der Sozialen Arbeit. (S.217–220). Blätter der Wohlfahrtspflege 6.

Kühl, S. (2009) Visualisierungsmethoden. In Kühl, S., Strodtholz, P., Taffertshofer, A. (eds). *Handbuch Methoden der Organisationsforschung*. Wiesbaden: VS Verlag für Sozialwissenschaften.

Kuhn, H. R., (1999), Konflikte systemisch und dynamisch lösen. Nicht der Konflikt ist das Problem, sondern die Unfähigkeit, ihn zu regeln. 5 Schritte zur Klärung von Auseinandersetzungen. (S. 55–64). In Blätter der Wohlfahrtspflege 3 und 4/99.

Kulig, W., Schirbort, K., & Schubert M. (2011) (Hrsg.). Empowerment behinderter Menschen. Stuttgart: Kohlhammer.

Landeszentrale für Politische Bildung Baden-Württemberg (o.J.): Schlichtung Stuttgart 21. https://www.lpb-bw.de/schlichtung_s21.html. Zugegriffen: 20.08.2019.

Lewin, K. (1953). Die Lösung sozialer Konflikte, Bad Nauheim: Christian-Verlag.

Maturana, H. R., & Varela, F. J. (1987). Der Baum der Erkenntnis. Bern/München: Scherz.

Piaget, J. (1974). Biologie und Erkenntnis. Frankfurt a. M.: Fischer.

Reich, K. (Hrsg.) (2008). Methodenpool. http://methodenpool.uni-koeln.de Zugegriffen: 01.07.2021.

Schubert, H. (2021): Organisation von Netzwerken in der Sozialwirtschaft – Orientierungsrahmen für das Management. In Kolhoff, L. (Hrsg.), Aktuelle Diskurse in der Sozialwirtschaft III, (S. 4–24). Wiesbaden: Springer VS.

Seifert, M. (2012). Schritte zur Inklusion im sozialen Nahraum bei schwerer Behinderung. In Hinz, A., Körner, I. & Niedorf, U. (Hrsg.), Von der Integration zur Inklusion (S. 163–175). 3. Aufl. Marburg: Lebenshilfe-Verlag.

Seligmann, M. E. P. (1995). Erlernte Hilflosigkeit. 3. Aufl. Weinheim: Beltz.

Sloterdijk, P. (2004). Sphären. Bd. 3. Frankfurt a. M.: Suhrkamp.

Söllner, K. (2010). World Cafe – ein Erfahrungsbericht. https://docplayer.org/47196423-World-cafe-ein-erfahrungsbericht.html Zugegriffen: 01.07.2021.

Speckbacher, G., & Pfaffenzeller, H. (2004). Die Governance von Nonprofit- Organisationen aus Sicht eines ökonomischen Stakeholder-Ansatzes. In Witt, D., Purtschert, R. & Schauer, R. (Hrsg.), Funktionen und Leistungen von Nonprofit-Organisationen. 6. Internationales Colloquium der NPO-Forscher. Technische Universität München, 25. und 26. März 2004 (S. 187–212). Wiesbaden: Deutscher Universitäts-Verlag.

Straus, F. (2004) Soziale Netzwerke und Sozialraumorientierung – Gemeindepsychologische Anmerkungen zur Sozialraumdebatte. IPP- Arbeitspapier Nr. 1, München.

Theunissen, G. (2009). Empowerment und Inklusion behinderter Menschen. 2. Aufl, Freiburg i. Br.: Lambertus.

Antworten zu den Kontrollfragen 5

Zur Frage 1.1: In der Wirtschaft spielen Transaktionskosten eine wichtige Rolle. Es müssen Verträge und Abkommen ausgehandelt werden und die Vertragseinhaltung muss sichergestellt werden. Darüber hinaus entstehen Kosten, wenn Abkommen unvollständig oder fehlerhaft sind und nachgebessert werden müssen. Der Hauptfaktor für geringe Transaktionskosten ist die Faktorspezifität, die sich nach den Kriterien Markt, Kooperation oder Hierarchie richtet. Einen ökonomischen Vorteil erzielt man nicht zwingend dann, wenn die Transaktionen über den Markt abgewickelt werden, Hierarchien und Netzwerke spielen ebenfalls eine entscheidende Rolle. Die Faktorspezifität kann anhand eines Beispiels aus dem Druckereigeschäft erläutert werden. Während bei einer Tageszeitung entscheidend ist, dass die Ausgabe morgens rechtzeitig im Briefkasten liegt, kann bei einer Buchveröffentlichung der Druckzeitpunkt individuell ausgehandelt werden und weniger lukrative Angebote können vom Verlag zurückgewiesen werden. Zeitungsverlage besitzen in der Regel ihre eigenen Druckereien, Buchverlage hingegen nicht.

Zur Frage 1.2: In der Politikwissenschaft erfolgt die Begriffsdefinition in Abgrenzung zum Government. Es geht hierbei vor allem um den zentralen Unterschied zwischen formellen Verfahren in Regierungssystemen auf der einen und informellen, flexiblen Strukturen auf der anderen Seite. Während beim Government von oben nach unten dirigiert wird (top down) und die Langfristigkeit im Vordergrund steht, geht es bei der Governance um mittelfristige, individuelle Aushandlungsprozesse, Absprachen und Vereinbarungen. Diese Prozesse zielen auf Selbststeuerung hin und lassen einen größeren Spielraum innerhalb von Netzwerken und Kooperationen zu.

L. Kolhoff, *Governance in der Sozialwirtschaft*, Basiswissen Sozialwirtschaft und Sozialmanagement,
https://doi.org/10.1007/978-3-658-27295-1_5

Gerade bei Verhandlungen und Vereinbarungen über nationale Grenzen hinweg greift der Governanceansatz, da nicht eine Regierung allein die Entscheidungen trifft, sondern viele Akteure und Interessenvertreter aus unterschiedlichen politischen Strukturen und Machtverhältnissen gemeinsam entscheiden. Wichtig hierbei ist auch das Zusammenwirken öffentlicher und nicht öffentlicher Akteure, also Vertreter aus Politik und Gesellschaft, die auf verschiedenen Ebenen verhandeln. Gesteuert wird über rechtliche Elemente (Hierarchie), aber auch über Verhandlungen und Politikwettbewerb. Beispiele für Governance sind die offene Koordinationsmethode in der EU oder das CETA-Freihandelsabkommen zwischen der EU und Kanada.

Zur Frage 2.1: Unter „First-Order-Governance" sind politische und wirtschaftliche Aushandlungs- und Problemlösungsprozesse zu verstehen, wobei in der Sozialwirtschaft der Fokus auf lokalen und regionalen Problemlösungs- und Politikprozessen liegt.

Zur Frage 2.2: Ein Beispiel für Local Governance ist das Programm „Soziale Stadt". Bei diesem gemeinsamen Projekt von Bund und Ländern geht es um die Verbesserung der Lebensumstände vor Ort, wozu Gebäude, Infrastruktur, aber auch die Stärkung eines sozialen Miteinanders gehören. Bei der Local Governance werden einerseits verschiedene gesellschaftliche Akteure eingebunden, beim Beispiel „Soziale Stadt" sind es u.a. Vertreter von Schulen, Arbeitsagentur, Wohnungsbaugesellschaften etc.; und andererseits wird das Management strategisch und sektorübergreifend angelegt. Um die erfolgreiche Durchführung des Programms „Soziale Stadt" zu garantieren, werden beispielsweise Arbeitsgruppen zu verschiedenen Themen eingerichtet und lokale Netzwerke initiiert. Die dort erarbeiteten Handlungskonzepte werden anschließend Vertretern aus Politik und Verwaltung vorgelegt. Zur Steuerung werden Koordinierungs-, Lenkungs- und Umsetzungsgruppen aufgebaut.

Zur Frage 2.3: Bei der „Regional Governance" geht es um komplexe Organisationsformen für bestimmte Regionen. Mit Regionen sind Raumausschnitte eines Bundeslandes gemeint, die ein größeres Gebiet als eine Stadt oder Gemeinde umfassen. Beispiele für „Regional Governance" sind die Internationale Bauausstellung „Emscher Park" oder die Region Stuttgart. Ausgelöst wird Governance auf regionaler Ebene oftmals durch nicht oder nur wenig vorhandene staatliche, also durch fehlende „Government"-Strukturen. Bei der Regional Governance kommen sowohl staatliche als auch nicht staatliche Akteure mit einer raumbezogenen Funktion freiwillig zusammen. So erarbeiten beispielsweise Vertreter aus Wirtschaft, Kultur und Arbeitsmarktpolitik gemeinsam neue, explizit an die Region angepasste Selbststeuerungskonzepte. Das Ziel von Regional Governance ist es, Vertrauen, Solidarität, Gemeinwohlorientierung und Kooperationsbereitschaft in einem örtlich begrenzten Bereich zu stärken. Die regionalen Formen der Selbststeuerung beruhen auf Freiwilligkeit.

Zur Frage 2.4: Die „Second-Order-Governance" beinhaltet institutionelle Rahmenbedingungen der Governance.

Zur Frage 2.5: Beim Wohlfahrtsmix geht es um das Zusammenspiel der vier Sektoren Staat, Markt, intermediärer Sektor (auch dritter Sektor oder Non-Profit-Sektor genannt) und informeller Sektor. Der Staat agiert über die öffentliche Verwaltung und ist durch Recht und Hierarchie strukturiert. Der Markt wird von Unternehmen dominiert und durch Geld und Wettbewerb regiert. Im intermediären Sektor agieren Vereine, Verbände und Stiftungen und die Strukturierung läuft über Kommunikation und Freiwilligkeit. Der informelle Sektor wird von Familien und Gemeinschaften durch persönliche Beziehungen und Verpflichtungen koordiniert. Die vier den Wohlfahrtsmix prägenden Sektoren sind miteinander verzahnt und kooperieren in komplexen Strukturen.

Zur Frage 2.6: Im aktivierenden Sozialstaat hat sich der Staat zunehmend auf eine Gewährleistungsfunktion zurückgezogen und in der Beschaffung sozialer Leistungen die anderen Sektoren – den Markt, den intermediären sowie den informellen Sektor – mit einbezogen. So wird beispielsweise zunehmend auf das Engagement von Freiwilligen und Familienangehörigen gesetzt.

Zur Frage 2.7: Es gab Veränderungen vom „demokratischen Staat" über einen „aktiven und schlanken Staat" bis hin zu einem „aktivierenden Staat".

Zur Frage 2.8: Governance ist in Abgrenzung zum effizienzorientierten „New Public Management"-Ansatz zu verstehen, welcher auf Kundenzufriedenheit und Qualität zielt, aber nicht erfolgreich auf bürokratische Strukturen übertragen werden konnte. Governance in Verwaltungsprozessen zielt im Gegensatz zum „New Public Management" auf die Beteiligung und das Engagement der Mitarbeitenden, statt diese von oben zu dirigieren und ihnen vorzugeben, was sie zu tun haben.

Zur Frage 2.9: Governance hat im Bereich der staatlichen Planung an Bedeutung gewonnen. Politische Planungsansätze der 60er- und 70er-Jahre mit den Ministerien als Hauptgestalter haben genauso wenig bürgerliches Engagement inkludiert wie die darauffolgenden Steuerungsansätze über große Akteure wie Verbände, Parteien und Verwaltungen. In Abgrenzung dazu hat Governance in der Planung den Anspruch, die Selbstorganisation von Gesellschaft und Institutionen zu fördern. Beispielsweise wird das Hochschulsystem seit geraumer Zeit weniger über Gesetze, Verordnungen und Erlasse gesteuert.

Zur Frage 2.10: Die „Third-Order-Governance" umfasst normative Richtlinien, Regeln und Maßstäbe.

Zur Frage 2.11: Ursprung des „Good-Governance-Ansatzes" ist die Afrikastudie der Weltbank von 1989. Erkannt wurde, dass wirtschaftliche Hilfsleistungen nicht fruchtbar sind, wenn diese nicht von funktionierenden Einrichtungen verwaltet und kontrolliert werden.

Zur Frage 2.12: Um „Good Governance" zu gewährleisten, muss erstens die öffentliche Verwaltung effizient strukturiert sein, zweitens müssen sowohl wichtige gesellschaftliche Gruppen als auch Minderheiten mit in Entscheidungen einbezogen werden und drittens klare Beziehungen zwischen öffentlichem und privatem Sektor etabliert werden, um Korruption und Vetternwirtschaft einzudämmen bzw. vorzubeugen.

Zur Frage 3.1: Der Begriff ist nach einer Reihe von britischen Unternehmenszusammenbrüchen in den 1990er-Jahren entstanden. Es kam vermehrt dazu, dass Manager einzelner Unternehmen, die sogenannten „Agenten", eigene Interessen verfolgt haben, die nicht mit denen der Eigentümer, der „Prinzipale", übereinstimmten (Prinzipal-Agent-Konflikt).

Zur Frage 3.2: Der „Corporate Governance Kodex" soll u.a. dafür sorgen, dass das Vertrauen in die Geschäftsführung börsennotierter Unternehmen gestärkt wird, indem die Vorstandsrolle, das Zusammenwirken mit dem Aufsichtsrat und andere rechnungs- und prüfungsrelevante Themen transparenter nach außen dargestellt werden.

Zur Frage 3.3: Im Non-Profit-Bereich können beispielsweise die Interessen des Vorstandes (vergleichbar mit den Prinzipalen) mit denen der Geschäftsführung (vergleichbar mit den Agenten) auseinanderklaffen. Neben dem Vorstand und der Geschäftsführung, die mit Prinzipal-Agent-Strukturen der Privatwirtschaft vergleichbar sind, kommen in der Sozialwirtschaft zusätzlich externe Stakeholder, wie beispielsweise die Kostenträger, hinzu.

Zur Frage 3.4: Zu natürlichen Netzwerken gehören z.B. Familienkreise (primäre Netzwerke) oder Schulklassen (sekundäre Netzwerke). Natürliche Netzwerke zeichnen sich dadurch aus, dass sie gar nicht oder nur gering strukturiert sind und man in sie hineingeboren oder hineinsozialisiert wird. Künstliche (tertiäre) Netzwerke sind Kooperationen zwischen Institutionen, die zu einem bestimmten Zweck gegründet wurden.

Zur Frage 3.5: Das wichtigste Mittel, um gemeinsame Handlungsstrukturen zu etablieren, ist, einander zu vertrauen sowie gemeinsame Werte und Erfahrungen im Netzwerk zu teilen.

Zur Frage 3.6: Nicht alle Organisationen sind offen und anschlussfähig für ein Netzwerk. Als Beispiel wurde die Justiz genannt. Kooperationen werden für die Rechtsprechung häufig als hinderlich bzw. die Neutralität gefährdend angesehen. Als weiteres Beispiel wurde auf die Zusammenarbeit von Polizei und sozialer Arbeit hingewiesen. Während es für die Polizei um die Sicherung des öffentlichen Lebens geht, ist soziale Arbeit auf Inklusion ausgerichtet. Dass es unterschiedliche

Interessen gibt, kann am Beispiel der „Drückerstuben" verdeutlicht werden, wo Drogenabhängige sich Substanzen verabreichen können. Während der Konsum illegaler Drogen von der Polizei sanktioniert wird, verfolgt die Hilfsleistung der „Drückerstuben" das Ziel, jemandem, der abhängig ist, hygienische Umstände und Beratungsangebote anzubieten.

Zur Frage 3.7: Kooperationen sind nur möglich, wenn interne Strukturen geschaffen werden, die eine Verbindung zulassen. Ist dies nicht der Fall, sind Netzwerke sehr stark personengebunden und der Erfolg von Netzwerkstrukturen hängt vor allem von der persönlichen Stellung der Akteure in den jeweiligen Organisationen und Institutionen ab. Neutralität und Sachlichkeit sowie Authentizität und Kommunikationsfähigkeit sind hierbei wichtige Schlüsselqualifikationen.

Zur Frage 3.8: Die Interessen von Governanceakteuren aus Politik, Unternehmen und Verbänden können sehr unterschiedlich sein. So haben Politiker z. B. in der Regel das Ziel, wiedergewählt zu werden, und müssen abwägen, welche Themen sie dafür auf ihrer politischen Agenda platzieren. In diesem Kontext spricht man von der Handlungslogik der Macht. Ein Unternehmen hingegen möchte einen möglichst hohen Gewinn erzielen und handelt demnach nach den Logiken von Markt und Preis. Verbände wiederum folgen fachlichen oder verbandspolitischen Logiken.

Zur Frage 3.9: Ausschlaggebend für eine erfolgreiche Zusammenarbeit sind Kommunikation und Vertrauen sowie gemeinsame Ziele und Visionen. Die „Chemie" muss stimmen, damit Governance als Entscheidungsfindungsprozess funktioniert. Entscheidend ist, dass Governance immer auf freiwilliger Zusammenarbeit basiert. Für die Beteiligten von Governanceprozessen ist ausschlaggebend, dass der Nutzen größer ist als die Kosten. Deshalb können Governancestrukturen auch schnell wieder zerbrechen, wenn z. B. Konflikte entflammen und der Aufwand oder Einsatz größer ist als das Resultat.

Zur Frage 3.10: Bei Entscheidungsfindungen ist häufig nicht der formale Beschluss, sondern die entsprechenden Vorbereitungsprozesse ausschlaggebend. Zu fragen ist, wo, wann und in welchen Gremien Vorentscheidungen gefällt werden und vor allem unter dem Einfluss welcher Personen.

Zur Frage 3.11: Der „Degree of Connection" ist der Vernetzungsgrad und ein Indikator des sozialen Kapitals einer Person. Je größer und/oder intensiver die Anzahl der Kontakte einer Person sind, desto größer ist ihr soziales Kapital.

Zur Frage 4.1: Open Space, also „offener Raum" oder „Freiraum", ist eine Beteiligungsmethode für Gruppen zwischen 8 und 1000 Personen. Die Open-Space-Methode dient der Selbstorganisation. Es gibt ein Leitthema, jedoch keinen festgelegten Rahmenplan, sondern die Möglichkeit, diesen in der Gruppe selbst zu gestalten. Die Methode dient der schnellen und kreativen Problemlösungsfindung.

Zur Frage 4.2: Der Name „World-Café" geht auf ein entspanntes „Kaffeehaus-Ambiente" zurück. Wie im Kaffeehaus sollen sich die Teilnehmenden wohlfühlen und ihrer Kreativität freien Lauf lassen. Die Methode eignet sich für bis zu 2000 Teilnehmende, die an mehreren Tischen verteilt ca. 2–3 Stunden beschreibbare Tischdecken für ihre Ideen nutzen. Es gibt Leitfragen, die an den Tischen in unterschiedlichen Gruppenkonstellationen diskutiert werden. Jeder Tisch verfügt über einen Gastgeber, der die vorangegangenen Gesprächsrunden resümiert und die sich neu zusammenfindenden Gesprächspartner animiert, die Leitfragen erneut zu diskutieren. Das Resultat ist eine Reflexionsphase.

Zur Frage 4.3.: Bei der für kleinere Gruppenkonstellationen (ca. 60–80 Personen) geeigneten Methode der Zukunftskonferenz erarbeiten die Teilnehmenden an drei Tagen ein gemeinsames Zukunftsszenario und Handlungsschritte, die sie diesem Szenario näher bringen. An Tag 1 gilt es gemeinsam herauszufinden, wo man steht, was einen verbindet und was einen in der Zukunft vermutlich erwartet. An Tag 2 beschäftigen sich die Teilnehmenden mit positiven Beispielen der Gegenwart und identifizieren bereits gemeinsame Zukunftsvisionen. Tag 3 dient der Konkretisierung dieser gemeinsamen Vorstellung von der Zukunft und der Entwicklung zentraler Aktionsschritte, um dort zusammen hinzukommen.

Zur Frage 4.4.: Design Thinking ist ein neuer Problemlösungsansatz, bei welchem Teilnehmende aus unterschiedlichen Feldern zusammenkommen und versuchen, aus der Nutzerperspektive heraus Produkte zu entwickeln.

Zur Frage 4.5: Die Mediation ist eine wirksame Methode zur Konfliktlösung und zum Interessenausgleich. Während es bei Konflikten, die juristisch gelöst werden, um Sieg oder Niederlage geht, ist das Ziel eines Mediationsverfahrens, eine gemeinsame Lösung zu erarbeiten. Der Mediator fungiert als neutrale Mittelsperson und schafft eine Gesprächsatmosphäre, welche von den Konfliktparteien genutzt wird, um eigene Lösungen zu erarbeiten. Mediation ist ein konstruktiver Schlichtungsprozess, der bei Konflikten zwischen zwei Individuen, aber auch zwischen Gruppen und Institutionen angewendet werden kann. Voraussetzung für den Erfolg der Methode ist, dass die Konfliktpartner ein ernsthaftes Interesse an der Lösungsfindung haben und den mediativen Ansatz freiwillig wählen und nicht dazu gedrängt wurden. Es geht um die gemeinsame Weiterentwicklung und die Erarbeitung einer Win-win-Situation für alle Beteiligten.

Zur Frage 4.6: Am Beispiel des niedersächsischen Jugendinitiativen-Wettbewerbs „Youth Team-Contest 03104" kann erläutert werden, wie Selbstorganisationsprozesse gefördert werden können. In einem ersten Schritt muss erstens auf gesellschaftliche und institutionelle Veränderungen Rücksicht genommen werden, zweitens sollten Instabilitätspunkte im Sozialraum als Möglichkeiten der Weiterentwicklung lokalisiert werden und drittens Freiräume zur Selbstorganisation bereitgestellt oder gesichert werden. (Gerade bei Jugendprojekten geht es um eine gewisse „Unfertigkeit" und Raum für eigene Gestaltung.) Die Aufgabe der Governance besteht darin, diese Prozesse anzustoßen. Es braucht Flexibilität, aber auch eine Teilstabilität, damit Selbstorganisationsprozesse erfolgreich sein können.

Literatur

Aachener Erklärung des Deutschen Städtetages anlässlich des Kongresses „Bildung in der Stadt" am 22./23. November 2007, https://www.staedtetag.de/files/dst/docs/Dezernat-3/Archiv/aachener-erklaerung-2007.pdf. Zugegriffen: 05.04.2021.

Agonda (Agentur für Dialog und Zukunftsprozesse): Was ist eine Zukunftskonferenz? http://agonda.de/zukunftskonferenz/zukunftskonferenz.html. Zugegriffen: 01.07.2021.

Anwaltsplanung bei der Stadtentwicklung in Hannover, zuletzt bearbeitet: 12.06.2013, Autor: Ulrich Rüttgers, http://www.beteiligungskompass.org/article/show/804.

Arnig, N. (2008). Im Namen des Bürgers. *Frankfurter Rundschau*, 21.04.2008.

Auer, J. (2010). Hilfreich auch für kleine Organisationen – Der Kodex der Lebenshilfe hat sich bewährt. (S. 211 ff.). *Blätter der Wohlfahrtspflege 6.*

Bachert, R. (2006). Was bedeutet Corporate Governance? In Bachert, R. (Hrsg.), *Corporate Governance in Nonprofit-Unternehmen* (S. 14–26). Planegg: WRS Verlag.

Bachert, R. (Hrsg.) (2006). Corporate Governance in Nonprofit-Unternehmen. Planegg: WRS-Verlag.

Bangert, C. (2010). Geschäftsführung und Aufsicht trennen – Die Grundsätze verantwortungsvoller Unternehmensführung im Deutschen Caritasverband. (S. 207–210). *Blätter der Wohlfahrtspflege 6.*

Baums, T. (Hrsg.) (2001). Bericht der Regierungskommission Corporate Governance: Unternehmensführung, Unternehmenskontrolle, Modernisierung des Aktienrechts. Köln: O. Schmidt.

Beck, M. (2010). Organisationen gut und richtig führen. (S. 203–206). *Blätter der Wohlfahrtspflege 6.*

Becker, T., Dammer, I., Howaldt, J., & Loose, A. (2011). Netzwerkmanagement. Berlin, Heidelberg: Springer.

Benz, A. (Hrsg.) (2004), Governance – Regieren in komplexen Regelsystemen. 1. Aufl. Wiesbaden: VS Verlag für Sozialwissenschaften.

© Springer Fachmedien Wiesbaden GmbH, ein Teil von Springer Nature 2022
L. Kolhoff, *Governance in der Sozialwirtschaft*, Basiswissen Sozialwirtschaft und Sozialmanagement, https://doi.org/10.1007/978-3-658-27295-1

Benz, A., & Dose, N. (2010). Governance – Modebegriff oder nützliches sozialwissenschaftliches Konzept. In Benz, A. & Dose, N. (Hrsg.), *Governance – Regieren in komplexen Regelsystemen.* (S. 13–36). 2., aktualisierte und veränderte Aufl. Wiesbaden: VS Verlag für Sozialwissenschaften.

Benz, A., Lütz, S., Schimank, U., & Simonis, G. (Hrsg.) (2007). Handbuch Governance. Wiesbaden: VS Verlag für Sozialwissenschaften.

Bougmil, J., & Holtkamp, L. (2004). Local Governance und gesellschaftliche Integration. In Lange, S. & Schimank, U. (Hrsg.), *Governance und gesellschaftliche Integration* (S. 147–166). Wiesbaden: VS Verlag für Sozialwissenschaften.

Bullinger, H., & Nowak, J. (1998). Soziale Netzwerkarbeit. Eine Einführung für soziale Berufe. Freiburg i. Br.: Lambertus.

Bundesinstitut für Bau-, Stadt- und Raumforschung (BBSR) im Bundesamt für Bauwesen und Raumordnung (BBR) (Hrsg.): Studie Lokale Ökonomie BIWAQ. ESF-Bundesprogramm „Bildung, Wirtschaft, Arbeit im Quartier – BIWAQ" – Projektabschlussbericht. Download. Bonn, Dezember 2020.

Bundesministerium des Innern, für Bau und Heimat (BMI) (2019). 20 Jahre integrierte Quartiersentwicklung. Die Soziale Stadt. https://www.bmi.bund.de/SharedDocs/downloads/DE/publikationen/themen/bauen/wohnen/20-jahre-soziale-stadt.pdf?__blob=publicationFile&v=3.

Bundesministerium des Innern, für Bau und Heimat (BMI) (2021): Soziale Stadt, www.staedtebaufoerderung.info/StBauF/DE/Programm/SozialeStadt/soziale_stadt_node.html.

Bundesministerium des Innern, für Bau und Heimat (BMI) (2019), Soziale Stadt. Das Programm der Städtebauförderung für benachteiligte Stadt- und Ortsteile, www.sozialestadt.de.

Bürgergutachten Aachen, Aachen 2008, S. 14–16, http://www.oegut.at/downloads/pdf/p_buergergutachten-aachen.pdf.

Castells, M. (2017). Der Aufstieg der Netzwerkgesellschaft. Das Informationszeitalter, Wirtschaft, Gesellschaft, Kultur, Band 1, 2. Auflage, Wiesbaden: Springer VS.

Corporate Governance Kodex Gute Unternehmensführung in der Lebenshilfe. Eine Empfehlung der Bundesvereinigung Lebenshilfe für Menschen mit geistiger Behinderung e.V. für ihre Mitgliedsorganisationen, Stand: Sommer 2012 Quelle: https://www.lebenshilfe.de/de/ueber-uns/aufgaben-und-ziele/Dateien/06-Corporate-Governance-Kodex-Lebenshilfe.php?listLink=1.

Czada, R. (2010). Good Governance als Leitkonzept für Regierungshandeln: Grundlagen, Anwendungen, Kritik. In Benz, A., Dose, N. (Hrsg.), *Governance – Regieren in komplexen Regelsystemen.* 2., aktualisierte und veränderte Aufl. Wiesbaden: VS Verlag für Sozialwissenschaften.

Deutscher Bundestag (2005): Bericht über die Lebenssituation junger Menschen und die Leistungen der Kinder- und Jugendhilfe in Deutschland – Zwölfter Kinder- und Jugendbericht – Deutscher Bundestag Drucksache 15/6014 15. Wahlperiode 10.10.2005 http://dip21.bundestag.de/dip21/btd/15/060/1506014.pdf. Zugegriffen 05.04.2021.

Dienel, P. C. (2005). Die Planungszelle. 5. Aufl. Wiesbaden: Westdeutscher Verlag.

difu (Deutsches Institut für Urbanistik) (Jekel, G. unter Mitarbeit von Beckmann, K. J., Arndt, P., Müller, K., Sander, R., Scheumann, D.) im Auftrag der Senatsverwaltung für Stadtentwicklung, Berlin (2007). *Vorstudie zur Einrichtung einer „Netzwerkagentur*

Generationenübergreifendes Wohnen", *Sonderveröffentlichungen.* http://edoc.difu.de/edoc.php?id=COZ7M16W. Zugegriffen: 19.08.2019.

Eberle, D. (2010). Governance in der politischen Ökonomie II: Corporate Governance. In Benz, A. & Dose, N. (Hrsg.), *Governance – Regieren in komplexen Regelsystemen* (S. 155–173). 2., aktualisierte und veränderte Auflage. Wiesbaden: VS Verlag für Sozialwissenschaften.

Europäische Kommission (2001). Europäisches Regieren, Weißbuch, Amt für amtliche Veröffentlichungen der Europäischen Gemeinschaften. Luxemburg.

Evers, A., & Olk, T. (1996). Wohlfahrtspluralismus. Analytische und normativ-politische Dimensionen eines Leitbegriffs. In Evers, A. & Olk, T. (Hrsg.), *Wohlfahrtspluralismus. Vom Wohlfahrtsstaat zur Wohlfahrtsgesellschaft* (S. 9–62). Opladen: Westdeutscher Verlag.

FAZ (2019): Sind wir alle ein bisschen vuca? F.A.Z. – BERUF UND CHANCE. https://edition.faz.net/faz-edition/beruf-und-chance/2019-0622/150c0b9a76645334f7c382d578b23a50?GEPC=s9. Zugegriffen: 22.06.2019

Florian, F. (2008). Netzwerkarbeit. Die Netzwerkperspektive in der Praxis. In H. Schubert (Hrsg.), Netzwerkmanagement Wiesbaden: VS Verlag für Sozialwissenschaften.

Fürst, D. (2007). Regional Governance. In Benz, A., Lütz, S., Schimank, U. & Simonis, G. (Hrsg.), *Handbuch Governance* (S. 353–650). Wiesbaden: VS Verlag für Sozialwissenschaften.

Fürst, D. (2010). Regional Governance. In Benz, A. & Dose, N. (Hrsg.), *Governance – Regieren in komplexen Regelsystemen* (S. 49–68). 2., aktualisierte und veränderte Auflage. Wiesbaden: VS Verlag für Sozialwissenschaften.

Fürst, D., (2004). Regional Governance. In Benz, A. (Hrsg.), *Governance – Regieren in komplexen Regelsystemen* (S. 45–64). 1. Aufl. Wiesbaden: VS Verlag für Sozialwissenschaften.

Garcia Sanz, F. J., Semmler, K., Walther, J. (Hrsg.) (2007). Die Automobilindustrie auf dem Weg zur globalen Netzwerkkompetenz. Effiziente und flexible Supply Chains erfolgreich gestalten, Berlin Heidelberg: Springer-Verlag.

Greca, R. (2005). Lokale Governance im Zeitalter der Globalisierung – ein neuer Mythos? In Kolhoff, L., Beck, R., Engelhardt, H.D., Hege, M. & Sandmann, J. (Hrsg.), *Zwischen Ökonomie und sozialer Verantwortung* (S. 50–82). Augsburg: Ziel.

Handelsblatt vom 13.10.2015.

Hasenbein, F., Mertins, I., & Teams des Youth-Team-Contests 2003/2004 (2004). Jugendinitiativen im Wettbewerb, DVD, Paritätischer Niedersachsen, Hannover.

Häußermann, H., & Siebel, W. (2004). Stadtsoziologie. Eine Einführung. Frankfurt a.M.: Campus.

Häußermann, H., Walther, H.-J. (2018). Soziale Stadt, In ARL – Akademie für Raumforschung und Landesplanung (Ed.): *Handwörterbuch der Stadt- und Raumentwicklung*, ISBN 978-3-88838-559-9, ARL – Akademie für Raumforschung und Landesplanung, Hannover, S. 2197–2206, http://nbn-resolving.de/urn:nbn:de:0156-55992035.

Heinrich-Böll-Stiftung (Hrsg.) (2011). Kommunale Bildungslandschaften. Ein Bericht von Anika Duveneck und Einblicke in die Praxis von Sybille Volkholz, Reihe Bildung und Kultur, Band 9. https://www.boell.de/sites/default/files/2012-02-Kommunale_Bildungslandschaften.pdf. Zugegriffen: 05.04.2021.

Herriger, N. (2014). Empowerment in der Sozialen Arbeit. 5. erweiterte und aktualisierte Aufl. Stuttgart: Kohlhammer.

Heuberger, A. (2007). Networking – durch interessante Kontakte zum Erfolg. Berlin: Cornelsen.

Hinte, W. (2005) Von der Gemeinwesenarbeit über die Stadtteilarbeit zur Initiierung bürgerschaftlichen Engagements. In Thole, W. (Hrsg.): Grundriss Soziale Arbeit. 2. Aufl. (S. 535–548). Wiesbaden: VS, Verlag für Sozialwissenschaften.

Hinte, W. (2008) Sozialraumorientierung: Ein Fachkonzept für die Soziale Arbeit. Vortrag für den Fachtag Sozialraumorientierung in Fulda am 28.05.2008 http://www.fulda.de/fileadmin/buergerservice/pdf_amt_51/ sonstiges/Sozialraumorientierung_Vortrag_W. Hinte_28.5.08.pdf. Zugegriffen: 28.08.2014.

Hinte, W., Treeß, H. (2007) Sozialraumorientierung in der Jugendhilfe. Weinheim, München: Juventa-Verlag.

Hochschuldidaktik, Methodenbar https://www.uni-due.de/imperia/md/content/zfh/methodenbar_2012.pdf.

Hofert, S. (2016) Agiler führen – Einfache Maßnahmen für bessere Teamarbeit, mehr Leistung und höhere Kreativität. Wiesbaden: Springer Fachmedien.

HPI Academy (o.J.) Was ist Design Thinking?, https://hpi-academy.de/design-thinking/was-ist-design-thinking.html.

Jann, W., & Wegrich, K. (2010). Governance und Verwaltungspolitik: Leitbilder und Reformkonzepte. In Benz, A. & Dose, N. (Hrsg.), *Governance – Regieren in komplexen Regelsystemen* (S. 175–200). 2., aktualisierte und veränderte Auflage. Wiesbaden: VS Verlag für Sozialwissenschaften.

Kolhoff, L. (2000). Schlüsselbegriffe des Systemischen Sozialmanagements. (S. 208–214). Soziale Arbeit 6.

Kolhoff, L. (2010). Innovationen durchsetzen. Das Konzept der Regional Governance in der Sozialen Arbeit. (S. 217–220). Blätter der Wohlfahrtspflege 6.

Kolhoff, L., & Gebhardt, C. (Hrsg.) (2016). Stadtteil in der Schule, Wiesbaden: Springer VS.

Kooiman, J. (2003). Governing as Governance, London, Thousands Oaks, New Delhi: Sage Publications Ltd.

Kühl S. (2009) Visualisierungsmethoden. In S. Kühl, P. Strodtholz & A. Taffertshofer (eds) *Handbuch Methoden der Organisationsforschung*. Wiesbaden: VS Verlag für Sozialwissenschaften.

Kuhn, H. R., (1999), Konflikte systemisch und dynamisch lösen. Nicht der Konflikt ist das Problem, sondern die Unfähigkeit, ihn zu regeln. 5 Schritte zur Klärung von Auseinandersetzungen, (S. 55–64). In Blätter der Wohlfahrtspflege 3 und 4/99.

Kulig, W., Schirbort, K., & Schubert, M. (2011) (Hrsg.). Empowerment behinderter Menschen. Stuttgart: Kohlhammer.

Landeszentrale für Politische Bildung Baden-Württemberg (o.J.): Schlichtung Stuttgart 21. https://www.lpb-bw.de/schlichtung_s21.html. Zugegriffen: 20.08.2019.

Lewin, K. (1953). Die Lösung sozialer Konflikte, Bad Nauheim: Christian-Verlag.

Luthe, E.W. (2009). *Kommunale Bildungslandschaften. Rechtliche und organisatorische Grundlagen*. Berlin: Erich Schmidt Verlag GmbH & Co.

Marschik, N. (2016). Anlagen zur Allgemeinen Erhebung in den Sozialräumen der Grundschule Altmühlstraße, Rheinring und Bebelhof. In Kolhoff, L. & Gebhardt, C. (Hrsg.), *Stadtteil in der Schule* (S. 234–239). Wiesbaden: Springer VS.

Maturana, H. R., & Varela, F. J. (1987). Der Baum der Erkenntnis. Bern/München: Scherz.

Mayntz, R. (2010). Governance im modernen Staat. In: Benz, A. & Dose, N. (Hrsg.), *Governance – Regieren in komplexen Regelsystemen* (S. 37–48). 2., aktualisierte und veränderte Auflage. Wiesbaden, VS Verlag für Sozialwissenschaften.

Milotay, N. (2017). Social governance in the European Union. Governing complex systems. European Parliamentary Research Service PE 614.579, https://www.europarl.europa.eu/ RegData/etudes/IDAN/2017/614579/EPRS_IDA(2017)614579_EN.pdf. Zugegriffen: 18.04.2021.

Mitchell, R. K., Agle, B. R., & Wood, D. J. (1997). Toward a Theory of Stakeholder Identification and Salience: Defining the Principle of Who and What Really Counts. (S. 853–896). *Academy of Management Review, 22. Jahrgang, Heft 4.*

Piaget, J. (1974). Biologie und Erkenntnis. Frankfurt a. M.: Fischer.

Rakebrandt, D. (2006). Regional Governance in der Jugendarbeit dargestellt am Beispiel der Region Verden, nicht veröffentlichte Masterarbeit an der FH Braunschweig/Wolfenbüttel, Masterstudiengang Sozialmanagement.

Reich, K. (Hrsg.) (2008). Methodenpool. http://methodenpool.uni-koeln.de Zugegriffen: 01.07.2021.

Riege, M., Schubert, H. (Hrsg.) (2019). Sozialraumanalyse. Grundlagen – Methoden – Praxis. 6. unveränderte Aufl. Hannover: Verlag Sozial – Raum – Management.

Roß, P.S., (2018). Governance. In Grunwald, K., Langer, A. (Hrsg.), *Sozialwirtschaft. Handbuch für Wissenschaft und Praxis* (S. 726 – 738). Baden-Baden: Nomos.

Schubert H. (2018a). *Netzwerkorientierung in Kommune und Sozialwirtschaft. Eine Einführung.* Wiesbaden: Springer VS.

Schubert, H. (2018b). *Netzwerkmanagement in Kommune und Sozialwirtschaft. Eine Einführung.* Wiesbaden: Springer VS.

Schubert, H. (2018): Netzwerkorientierung in Kommune und Sozialwirtschaft, Wiesbaden: Springer VS.

Schubert, H. (2021): Organisation von Netzwerken in der Sozialwirtschaft – Orientierungsrahmen für das Management. In Kolhoff, L. (Hrsg.), Aktuelle Diskurse in der Sozialwirtschaft III, (S. 4–24). Wiesbaden: Springer VS.

Schubert, H. (Hrsg.) (2008). Netzwerkmanagement – Koordination von professionellen Vernetzungen – Grundlagen und Praxisbeispiele. Wiesbaden: VS Verlag für Sozialwissenschaften.

Schuhen, A. (2014). Corporate Governance in sozialwirtschaftlichen Organisationen. In Arnold, U., Grunwald, K. & Maelicke, B. (Hrsg.), *Lehrbuch der Sozialwirtschaft* (S. 525–545). Baden-Baden: Nomos.

Seifert, M. (2012). Schritte zur Inklusion im sozialen Nahraum bei schwerer Behinderung. In Hinz, A., Körner, I. & Niedorf, U. (Hrsg.), Von der Integration zur Inklusion (S. 163–175). 3. Aufl. Marburg: Lebenshilfe-Verlag.

Seligmann, M. E. P. (1995). Erlernte Hilflosigkeit. 3. Aufl. Weinheim: Beltz.

Sloterdijk, P. (2004). Sphären. Bd. 3. Frankfurt a. M.: Suhrkamp.

Söllner, K. (2010). World Cafe – ein Erfahrungsbericht. https://docplayer.org/47196423-World-cafe-ein-erfahrungsbericht.html Zugegriffen: 01.07.2021.

Speckbacher, G., & Pfaffenzeller, H. (2004). Die Governance von Nonprofit- Organisationen aus Sicht eines ökonomischen Stakeholder-Ansatzes. In Witt, D., Purtschert, R. & Schauer, R. (Hrsg.), *Funktionen und Leistungen von Nonprofit-Organisationen. 6. Internationales Colloquium der NPO-Forscher.* Technische Universität München, 25. und 26. März 2004 (S. 187–212). Wiesbaden: Deutscher Universitäts-Verlag.

Straus, F. (2004). *Soziale Netzwerke und Sozialraumorientierung – Gemeindepsychologi-sche Anmerkungen zur Sozialraumdebatte.* IPP- Arbeitspapier Nr. 1, München.

Sydow, J. (1992): Strategische Netzwerke: Evolution und Organisation, Wiesbaden: Gabler.

Sydow, J. (Hrsg) (2010). Management von Netzwerkorganisationen: Beiträge aus der „Ma-nagementforschung". 5., aktualisierte Aufl., Wiesbaden: Gabler.

Theunissen, G. (2009). Empowerment und Inklusion behinderter Menschen. 2. Aufl, Frei-burg i. Br.: Lambertus.

Theuvsen, L. (2001). Stakeholder-Management – Möglichkeiten des Umgangs mit An-spruchsgruppen, Münsteraner Diskussionspapiere zum Nonprofit-Sektor 16. http://www.aktive-buergerschaft.de/fp_files/Diskussionspapiere/2001wp-band16. Zugegriffen: 10.06.2021.

Vester, F. (1993). Unsere Welt – ein vernetztes System. 8. Aufl. München: dtv.

Wald, A., & Jansen, D. (2007). Netzwerke. In Benz, A., Lütz, S., Schimank, U. & Simonis, G. (Hrsg.), *Handbuch Governance* (S. 93–105). Wiesbaden: VS Verlag für Sozialwissen-schaften.

Weyer, J. (2011). Soziale Netzwerke. Konzepte und Methoden der sozialwissenschaftlichen Netzwerkforschung. München 2000. 2. Aufl. München: Oldenbourg.

Williamson, O. E. (1990). Die ökonomischen Institutionen des Kapitalismus. Tübin-gen: Mohr.

Yollu-Tok, A. (2016). Von der „Europäischen Beschäftigungsstrategie" zur „offenen Me-thode der Koordinierung" im Bereich der Sozialpolitik. In P. Hammerschmidt, U. Köttler & J. Sagebiel, (Hrsg). (2016). *Die Europäische Union und die Soziale Arbeit*, 1. Auflage, (S. 79–97). Neu-Ulm: AG SPAK.

Literaturempfehlungen

Bachert, R. (Hrsg.) (2006). Corporate Governance in Nonprofit-Unternehmen. Planegg: WRS-Verlag.

Benz, A., Lütz, S., Schimank, U., & Simonis, G. (Hrsg.) (2007). Handbuch Governance. Wiesbaden: VS Verlag für Sozialwissenschaften.

Benz. A., & Dose, N. (Hrsg.) (2010). Governance – Regieren in komplexen Regelsystemen. 2., aktualisierte und veränderte Aufl. Wiesbaden: VS Verlag für Sozialwissenschaften.

Evers, A., Heinze, R. G., & Olk, T. (Hrsg.) (2011). Handbuch Soziale Dienste. Wiesbaden: Springer VS.

Lewin, K. (1953). Die Lösung sozialer Probleme. Bad Nauheim: Christian.

Schubert, H. (Hrsg.) (2008). Netzwerkmanagement – Koordination von professionellen Ver-netzungen – Grundlagen und Praxisbeispiele. Wiesbaden: VS Verlag für Sozialwissen-schaften.

Schwalb, L. & Walk, H. (Hrsg.) (2007). Local Governance – Mehr Transparenz durch Bür-gernähe? Wiesbaden: VS Verlag für Sozialwissenschaften.

Wendt, W. R. (2010). Wohlfahrtsarrangements. Neue Wege in der Sozialwirtschaft. Baden-Baden: Nomos.

Weyer, J. (2014). Soziale Netzwerke. Konzepte und Methoden der sozialwissenschaftlichen Netzwerkforschung. München 2000. 3. überarbeitete Auflage, Oldenbourg Wissen-schaftsverlag GmbH

Printed in the United States
by Baker & Taylor Publisher Services